**BEST**SELLER

**Silvia Olmedo** es doctora en psicología y sexóloga. También es autora de cuatro bestsellers enfocados a la psicología, autosuperación y relaciones de pareja, siendo la psicóloga más seguida en redes. Su profesión la desarrolla como conferencista, investigadora, produciendo y conduciendo programas que han marcado generaciones como *Cuentamelove* o *Amordidas*. Su libro *Los misterios de amor y el sexo* está basado en su doctorado, en él descubrirás la naturaleza de las relaciones de pareja.

Sigue a la autora en: www.silviaolmedo.com
Instagram: silviaolmedo

# SILVIA OLMEDO

## Los misterios del amor y el sexo

DEBOLS!LLO

**Los misterios del amor y el sexo**

Primera edición en Debolsillo: marzo, 2018

Copyright © Silvia Olmedo 2010
www.silviaolmedo.tv www.twitter.com/SilviaOlmedo

D. R. © 2018, derechos de edición mundiales en lengua castellana,
excepto España, Argentina y Colombia :
Penguin Random House Grupo Editorial, S. A. de C. V.
Blvd. Miguel de Cervantes Saavedra núm. 301, 1er piso,
colonia Granada, delegación Miguel Hidalgo, C. P. 11520,
Ciudad de México

www.megustaleer.com.mx

Fotografía de portada y de interiores: Beatrice Morabito - www.oyster-dreams.com
Ilustraciones y gráficas: Jenny Silva - www.jennysilvailustradora.blogspot.com
Diseño de portada y de interiores: Víctor M. Ortiz Pelayo - www.nigiro.com
Foto de Silvia Olmedo en portada y contraportada: Óscar Ponce

ISBN: 978-607-316-292-0

Impreso en México – *Printed in Mexico*

El papel utilizado para la impresión de este libro ha sido fabricado a partir de madera procedente
de bosques y plantaciones gestionadas con los más altos estándares ambientales, garantizando
una explotación de los recursos sostenible con el medio ambiente y beneficiosa para las personas.

Penguin
Random House
Grupo Editorial

# Índice

# Introducción

La gran mayoría de nosotros tomamos decisiones con base en nuestras creencias. Nuestra vida y nuestra felicidad están marcadas por esas decisiones. Muchas de las creencias que tenemos las hemos adoptado sin plantearnos si son ciertas, las aprendemos de manera automática, prácticamente sin cuestionarlas, y las hacemos tan propias que se vuelven parte de nuestra personalidad y rigen nuestro destino.

Nuestras creencias sobre la sexualidad y el amor las aprendemos desde niños. Los cuentos de Walt Disney nos dicen que el amor debe ser para siempre. Luego, Hollywood y las telenovelas nos inculcan lo que debemos esperar sobre nuestras relaciones sentimentales. En el plano sexual, desgraciadamente heredamos tabúes que amputan un desarrollo sano de la sexualidad; éstos nos hacen sentir culpables y nos hacen tener miedo. Un acto puro de placer lo convierten en algo sucio, culpable. En esta época en la que los jóvenes hablan varios idiomas y manejan todo tipo de tecnologías, siguen aprendiendo de manera errónea sobre la sexualidad. La tecnología está ayudando a difundir, a través de la pornografía, ideas completamente erróneas de lo

♀

que es una sexualidad sana. Más escandalizante es la reacción de la sociedad ante temas relacionados con el sexo: es una noticia mucho más interesante que alguien declare su orientación sexual, a que maten a una veintena de personas el mismo día.

Nuestra razón, nuestras emociones y nuestro instinto, a veces corren en direcciones distintas. No entender cómo funcionan puede causarnos un gran sufrimiento.

Lo que vas a leer a continuación es la acumulación del conocimiento e investigación de antropólogos, psicólogos, sexólogos, sociólogos y biólogos. Son años de estudios simplificados en casi 300 páginas. Mi labor ha sido explicarte, de una manera sencilla, los conceptos más importantes sobre la sexualidad y el amor. He intentando distinguir lo vital de lo anecdótico; te lo he querido contar de la manera más fácil y accesible, sacrificando a veces datos que pudieran distraerte de aquello que consideré imprescindible que supieras. Lo escribí de la manera en que me hubiera gustado que me lo explicaran a mí.

Hay información que quizá no te guste conocer, pues se enfrenta completamente a esas creencias tan arraigadas que tenemos desde niños. Es posible que te duela, y la puedes rechazar, pero está ahí. Cuando acabes de leer este libro, tu percepción del amor y el sexo habrá cambiado para siempre. Probablemente te des cuenta de que podrías haber hecho las cosas de otra forma. Lo más importante es que aún puedes cambiar tu presente amoroso y sexual.

Este libro no es un libro de autoayuda. Si crees tener un problema, te recomiendo que acudas con un especialista. Este libro sólo pretende aumentar tu conocimiento sobre el mundo del amor y el mundo del sexo. Vas a entender mejor los procesos que vivirás en tu sexualidad y en tus relaciones sentimentales y posiblemente, aprendas a disfrutar más estos dos aspectos. Hay partes del libro que se enfocan directamente en la problemática del amor y la sexualidad; sabrás en qué consisten muchos de los procesos emocionales dolorosos, y si bien no vas a evitar que sean dolorosos, el que este libro te ayude a entenderlos puede acortar el sufrimiento y hacer que la herida emocional cicatrice más rápido.

Quizá haya cosas en el libro que no te interesen en este momento específico de tu vida, pero guárdalo y seguramente adquirirán mayor significado en el futuro. ¿Estás preparado para aprender más sobre el amor y la sexualidad? ¿Para romper con algunas de tus creencias? ¡Cuidado!, porque la consciencia es un camino sin retorno. ¿Te atreves? Bienvenido...

*Solamente pasaba diez minutos con el amor de su vida y miles de horas pensando en él.* Paulo Coelho

# Capítulo I

## Los misterios sobre el Amor

# Amor
## ¿es lo mismo
## que enamoramiento?

**Q**uien no se ha enamorado nunca, es que no ha vivido. ¿Es esto cierto? ¿Puede alguien morir por amor?

En diciembre de 1936, Eduardo VIII abdicó al trono de Inglaterra para casarse con su amante, Wallis Simpson, una mujer que, como era divorciada, no podía ser candidata al trono. El amor fue más poderoso que la Corona de Inglaterra: Eduardo VIII no lo dudó, y dejó el trono por amor. Pero, ¿qué es el enamoramiento? ¿Qué es lo que nos hace sentir completamente obsesionados por una persona? ¿Acaso eso es amor?

Definitivamente, el amor mueve al mundo y, en ocasiones, la falta de él o el rechazo, lo destruye. Los crímenes pasionales, cuyo motivo es el rechazo de la pareja o el abandono por estar con otra persona, confirman el famoso dicho "La maté porque era mía". Hasta hace poco, en muchos países (y todavía en algunos) no era delito matar a una mujer si le era infiel a su pareja. Más de un tercio de los feminicidios están relacionados con un rechazo amoroso. En estos casos, el amor se transforma en odio.

♀

Hay muchos tipos de amor: el amor filial, el amor a los familiares, a los amigos. Básicamente, somos seres afectivos; los distintos tipos de amor nos ayudan a crecer o nos hacen sentir las personas más infelices del mundo. La falta de amor por parte de los padres durante la infancia, puede afectar negativamente la autoestima de una persona por el resto de su vida. La intensidad del trauma podría hacer que el individuo desarrollara problemas emocionales y de relación con otras personas, y que éstos perduraran hasta la edad adulta, incluso en su relación de pareja. No hay día en que no llegue un email en el que me dicen: "Silvia, esta vez no me va a pasar lo mismo. Él no me va a dejar como lo hizo mi padre, me va a querer de verdad". Para esta mujer, cada relación es una prueba de fuego en la que se demuestra a ella misma que merece ser querida, y si la relación no funciona, lo interpreta como una reafirmación de que no merece ser amada por nadie. Desgraciadamente, muchas personas se vuelven dependientes de su pareja, hacen todo con tal de que no las deje, rompen sus propios límites, pierden la dignidad y acaban en una relación de codependencia y, en muchos casos, de maltrato.

Para otros, el abandono es un proceso tan doloroso que deciden no volverse a involucrar emocionalmente con nadie. Es verdad que terminar con una relación de pareja es un proceso parecido al duelo. Si la relación fue muy intensa, la ruptura es comparable con la muerte de un ser querido, con la diferencia de que el proceso de curación y recuperación puede llegar a ser más doloroso cuando pierdes a la pareja. Cuando una persona muere, la despedida es definitiva pero volver a encontrarte con tu ex pareja reaviva la esperanza y tener que lidiar con la idea de que todo terminó lleva al sufrimiento de aceptar perder a la persona amada.

Las emociones relacionadas con la pérdida del amor son más dolorosas que el goce del amor mismo. Un claro ejemplo es la pérdida de un ser querido. En términos emocionales, la alegría de tener un hijo nunca es comparable a la intensidad del dolor de perderlo. El gozo de tener a la persona amada no es tan intenso como la pérdida de la misma. Hablar de amor en ocasiones es hablar de pérdida. Desafortunadamente, la interpretación del término de una relación acarrea todas las ideas culturales que provocan que ese proceso sea aún más doloroso. Es como si nuestra sociedad apretara más el dedo en la herida y no la dejara cicatrizar de una manera natural. El final de una relación se ve como un fracaso, como un trauma, no como el fin de un ciclo con una persona en el que hay que quedarse con lo bueno. No se trata de una cuestión de culpas; en el amor hay muchas cosas que no dependen sólo de nosotros y que no podemos controlar. Hablaremos de estos aspectos a lo largo del libro.

El término amar no se usa de la misma forma en todos los países. En México, por ejemplo, una madre puede decir en público: "Amo a mi hijo". En otros países, como España, la palabra amar se utiliza para referirse al amor pasional, y si alguien dice: "Amo a mi hijo", podría interpretarse como un pervertido.

Hay científicos que no aceptan la idea del amor como tal, y lo ven como diferentes sistemas emocionales que trabajan a la vez y que activan la parte más primitiva de nuestro cerebro: el hipotálamo. En él, distintas sustancias como la oxitocina, la norepinefrina, la dopamina y la serotonina, provocan que se modifique la percepción que tenemos de la otra persona, volviéndola mágica y única. Probablemente los científicos tengan razón, pero yo he preferido referirme al amor, o al impulso amoroso que podemos tener en pareja. Espero no confundirte. ¿Estás listo?

# Los tipos
## de impulso amoroso
## que existen

Como lo he mencionado, hay distintos tipos de amor. Ahora vamos a hablar del que nos interesa, el amor de pareja, y de las clases de impulsos amorosos que la mayoría de nosotros experimentamos a lo largo de la vida. Los tres impulsos amorosos más comunes son el sexual, el romántico (también llamado de enamoramiento) y el de apego (de *storge* o de relación duradera). Este último es con el que, en teoría, terminan todos los cuentos como el de La Cenicienta: "Y fueron felices para siempre". Según la antropóloga Helen Fisher, los distintos tipos de impulsos no siempre tienen que estar coordinados perfectamente; es como si se tratara de distintos sistemas que pudieran funcionar en paralelo.

## 💋 Impulso sexual

Algunos ponen en duda si se debería llamar amor, y en parte tienen razón, estamos hablando del impulso sexual, la parte más instintiva del amor. En pocas palabras, el deseo de tener relaciones sexuales con una persona se puede dar sin amor o sin involucrar ningún tipo de afecto. Esto es más común entre los hombres que entre las mujeres, en parte porque supone un mayor riesgo para ellas. Hasta la aparición de los métodos anticonceptivos, una relación sexual implicaba un embarazo para las mujeres, un hijo completamente dependiente de ellas. Por esta razón, aunque las mujeres tuvieran muchas ganas, sabían que el riesgo de quedar embarazadas era demasiado grande.

Para dificultar aún más las cosas, a la hora de tener una noche de sexo desenfrenado, un embarazo implicaba poner en riesgo su vida, ya que la cabeza del bebé, en proporción con la de otros mamíferos, es mucho más grande, y la pelvis de la madre no se ensanchó a la misma velocidad. Hasta hace poco, esto provocaba muchas muertes durante el parto, era muy común ser viudo en la edad media. Sin embargo, esto no significa que las mujeres carezcan de un fuerte deseo sexual, incluso éste es mayor que en el resto de los mamíferos. La mujer siempre está receptiva, a diferencia de otras hembras, que sólo se excitan en época de celo.

Definitivamente, las mujeres estamos en celo constante, y aunque nuestro nivel de interés sexual cambia durante el ciclo menstrual, podemos desear tener sexo durante los 365 días del año. ¡Sip, los 365 días del año! Esto hace que el conocimiento de la sexualidad femenina sea más limitado que el de la masculina, ya que la psicología comparada (disciplina que estudia las conductas animales para entender mejor la humana) no conoce otras hembras que estén receptivas durante todo el año, lo cual impide conocer en mayor profundidad la conducta sexual de la mujer. ¡Así que seguimos siendo un misterio! Hasta la fecha, la mayoría de los datos disponibles sobre la sexualidad femenina servían para justificar la conducta sexual del hombre y no para entender mejor la de la mujer.

En definitiva, lo que excita a las mujeres no es lo mismo que excita a los hombres; y aunque las mujeres se excitan y tienen deseos sexuales, su manera de experimentarlo y sentirlo es muy distinta.

Volvamos a este tipo de "amor", impulso sexual o amor instintivo, como muchos le dicen. Éste no discrimina, no es exclusivo hacia una persona. Si en ese momento pasa frente a ti alguien que te parece más atractivo, no tienes problema en dirigir tu mirada hacia esa persona, porque básicamente buscas satisfacer un deseo: el sexual.

Hay personas a las que les parece imposible tener relaciones sexuales sin involucrar las emociones. Pero también a quienes no se les dificulta tener una relación sexual con alguien que no conocen y, lo más interesante, tampoco se vinculan emocionalmente después de tenerlas.

*Que he seguido tus pasos, tu caminar, como un lobo en celo desde el hogar, con la puerta abierta de par en par...*

*Víctor Manuel*

Los famosos *spring breaks*, las vacaciones de los estudiantes norteamericanos, son momentos que se utilizan para este tipo de encuentros. El apetito sexual es grande, la hormona está en su máximo apogeo tanto en hombres como en mujeres. El salir del entorno normal ha hecho de estas vacaciones momentos típicos de este tipo de conducta sexual. Las adolescentes, por vergüenza, timidez o por querer justificar una conducta sexual, consumen alcohol y drogas que, más que hacerlas disfrutar de la relación sexual, las pone en una situación extremadamente vulnerable. Cada vez son más los casos de violaciones grises, aquellas que se realizan bajo los efectos de las drogas y sin implicar resistencia por parte de la víctima, debido a que se encuentra en un estado casi inconsciente.

Creo que, en una relación casual, un rapidín puede llegar a ser positivo. Pero lo cierto es que, en esta sociedad, donde la calidad ha perdido importancia respecto a la cantidad, donde los jóvenes compiten para ver quién se acuesta con más personas, podemos estar utilizando a otras personas como muñecos inflables y correr el riesgo de dejar un gran vacío interno.

Por otra parte, también es un mito que es imposible enamorarse de alguien a partir de una relación casual. Ocurre con mayor frecuencia de la que imaginamos, y es más común en las mujeres que en los hombres. Usar una relación casual para que alguien se enamore de ti es peligroso, pues si eso no sucede, te engancharás más a esa persona y te será más difícil olvidarla.

## Características del impulso sexual

| ♂ | ♀ |
|---|---|
| ♂ Obtienes una gratificación y satisfaces un deseo sexual. | ♀ Te expones a un peligro (irte con un extraño). |
| ♂ El sexo genera endorfinas. | ♀ Puedes enamorarte y no obtener algo recíproco. |
| ♂ Implica otra manera de comunicarse. | ♀ Corres el riesgo de acabar usando a otras personas. |
| ♂ No existe una fijación respecto a una persona específica, por lo que es más fácil satisfacer ese instinto. | ♀ Hay mayor riesgo de contagio de enfermedades de transmisión sexual. |

# 👄 El amor romántico

Algunos psicólogos evolutivos consideran al amor romántico en los seres humanos como una estrategia creada por la
naturaleza para que hombres y mujeres estén juntos durante
el tiempo en que los hijos sean dependientes de sus padres.
Recordemos que la mujer corre mayor riesgo de morir en el
parto que las hembras de otras especies, que suele tener un
bebé por parto y dos mamas para alimentarlo, y que le resulta más difícil embarazarse durante el periodo de lactancia.
Muchas hembras multíparas (que tienen muchas crías a la
vez) como las perras, las gatas y las ratas, tienen crías más
maduras e independientes al nacer, por lo que no necesitan
un macho a su lado.

Para los humanos es más difícil, así que la mujer necesita
los recursos de su galán para sacar adelante a la cría. Y para
el hombre ya no es tan importante la cantidad de mujeres
que embaraza sino la supervivencia de su descendencia; quedarse con la hembra humana criando un hijo es lo que va a
garantizar que sus genes se trasmitan a generaciones veni-
deras. Por esta razón, insisto, algunos psicólogos hablan del
enamoramiento como una estrategia de la naturaleza para la
supervivencia de la especie. Curiosamente, el enamoramiento
dura, en promedio, el mismo tiempo que la fase de embarazo
y cría, que es hasta los 18 meses. Incluso hay científicos que
justifican la existencia del amor por apego (o relación a largo plazo) al hecho de que los hijos maduren más lentamente
y necesiten ser cuidados durante más tiempo.

Según los psicólogos evolutivos, las mujeres y los hombres que se enamoran tienen más éxito, ya que su cría tiene
mayor probabilidad de sobrevivir, y "sus genes" tienen mayor
probabilidad de ser transmitidos a generaciones futuras.

Volviendo al tema del enamoramiento, este tipo de impulso amoroso es de carácter adictivo, absoluto; se trata del amor
que aparece en las telenovelas, en las películas de Hollywood

y es, en esencia, con el que comparamos todas nuestras relaciones. Y así de mal nos va al comparar ese amor idílico con la realidad, pues es difícil que una pareja real tenga una relación que dure con la misma intensidad toda la vida.

Hay quienes consideran al amor romántico como un periodo transitorio hacia el "verdadero amor", el de apego, el cual en teoría debe durar toda la vida. Muchas parejas viven sólo el tipo de amor romántico y no continúan con la relación. La sociedad ve esto como un fracaso, pero puede ser lo contrario, retirarse a tiempo puede evitar que se vuelva un evento traumático doloroso y deformar los buenos momentos que tuvo la pareja. Es absurdo ser necio e insistir en que la relación dure si no hay compatibilidad de caracteres, si se terminó la química o debido a un millón de razones que hacen que la convivencia ya no sea placentera.

> Se nos rompió el amor
> de tanto usarlo
> de tanto loco abrazo
> sin medida
> de darnos por completo a cada paso
> se nos quedó en las manos
> un buen día.
>
> *Paquito Guzmán*

El amor romántico es un amor lleno de emociones, pasión, intimidad y sexo. El amante se vuelve el centro del universo, lo vemos perfecto y lo idealizamos por completo; estar con él o ella nos hace sentir tan bien que incluso nos aislamos del resto del mundo. La atracción sexual hacia la pareja es grande, las relaciones sexuales son frecuentes y pasionales.

> Y es casi una experiencia religiosa
> sentir que resucito si me tocas

*subir al firmamento prendido de tu cuerpo*
*es una experiencia religiosa*

Alonso Cheín García

Las muestras de aprecio son constantes: hay besos, caricias, agarrones; están siempre pegados el uno al otro.

Durante la etapa de enamoramiento aumentan los niveles de dopamina, lo que nos da una gran energía, y bajan los niveles de serotonina, lo que provoca que nuestros pensamientos hacia el amante sean casi obsesivos; no podemos dejar de pensar en él o ella. Más adelante profundizaremos en esto.

Curiosamente, la forma de ver y escuchar a la persona de la que estás enamorado cambia. Los músculos de tu oído se contraen más, las órbitas de tus ojos se abren más cuando la miras y la pupila se dilata para focalizar la atención hacia ella. Tu sistema de compromiso social (*social engagement*) hace que le prestes toda tu atención, y tu cuerpo actúa de forma coherente con el fin de captar su mirada. No sólo la oyes, sino que la escuchas. Si hiciéramos esto cada día con todo el mundo, ¡la cantidad de conflictos que nos ahorraríamos!

En la etapa del amor romántico, la química del cerebro cambia de verdad, y se llegan a estimular las mismas zonas que cuando estamos bajo los efectos de la cocaína. La idea de que el estado de enamoramiento es como una adicción, es más acertada de lo que pensamos. Incluso experimentamos el síndrome de abstinencia: nos duele estar sin esa persona. También somos más inseguros, posesivos y celosos; el simple hecho de pensar que podemos perder a la persona amada, nos mantiene en estado de alerta constante.

En la fase de enamoramiento, el misterio también es un ingrediente que nos atrae fuertemente hacia la pareja. Sentimos que no la conocemos lo suficiente, y queremos saber más y más de ella. Curiosamente, la adversidad, el hecho de que alguien se oponga al amor, fortalece aún más este tipo de relaciones.

## ¿Te puedes **enamorar sin tener relaciones sexuales?**

Sí, aunque normalmente vas a desear un acercamiento de tipo sexual. La forma más frecuente de enamoramiento involucra la presencia del otro y un contacto íntimo con él. Cada vez se producen más enamoramientos, sobre todo por medio de internet. Es un hecho que estas parejas están enamoradas, pero también es cierto que el porcentaje de desenamoramiento es muy alto una vez que se conocen en persona y tienen un encuentro más íntimo. Algunos psicólogos clasifican el amor por internet como un subtipo de amor platónico, ya que idealizamos a la otra persona y adaptamos la relación a nuestras circunstancias.

### Características del enamoramiento o impulso romántico

♂ Estado de bienestar y felicidad si se está con la pareja. Todo es maravilloso.

♂ Atracción sexual muy grande.

♂ Relaciones sexuales frecuentes.

♂ Pareja completamente idealizada. No le vemos defectos.

♂ Constantes muestras de cariño.

♂ Piensan en desarrollar un proyecto juntos.

♂ Suele ser recíproco (si están juntos).

♀ Es como una adicción a la otra persona.

♀ Existe un aislamiento del mundo real (pareja, trabajo).

♀ No se establecen reglas en la relación y puede causar conflictos en el futuro.

♀ Desconocemos muchos aspectos de la pareja.

♀ Normalmente no dura más de 18 meses si cambia de naturaleza y pasa a la fase de amor por apego.

Sorprendentemente, cuando la persona que amamos nos deja, nuestros niveles de serotonina siguen bajos, pero ahora nuestros pensamientos son obsesivos, tipo: "Mi vida no tiene sentido", "ya nada será como antes sin él o ella". También bajan nuestros niveles de dopamina y no tenemos energía para nada. Las endorfinas, que generaban ese sentimiento de bienestar al lado de la pareja, desaparecen. Si estás así en este momento y yo fuera médico (los psicólogos no podemos recetar medicamentos), te recetaría que leyeras el siguiente capítulo.

## 💋 El amor por apego, o las relaciones a largo plazo

Este tipo de amor es el que se da una vez pasada la fase de amor romántico, la cual dura normalmente hasta 18 meses. Muchas parejas, después de la fase de amor romántico, simplemente acaban la relación; otras continúan y pasan a la fase de amor por apego.

En esta etapa la pareja ya no nos parece tan perfecta, empezamos a descubrir su verdadero yo, sus defectos. No es que ella los hubiera ocultado, sino que cuando nos enamoramos, la mayoría vemos a la persona que amamos tal como la queremos ver.

También empezamos a establecer compromisos a corto y largo plazo, con el fin de tener un camino juntos como pareja. Nos sentimos más a gusto, y ya no tenemos la necesidad de impresionar constantemente. Sentimos segura a la pareja, lo que puede provocar que descuidemos un poco la relación en el día a día. Ya no le ponemos el mismo interés que antes. Como se dice comúnmente, "ya no le echamos ganitas", quizá porque tenemos un exceso de seguridad de que la pareja siempre estará ahí.

# PROCESO DE LAS RELACIONES DE PAREJA

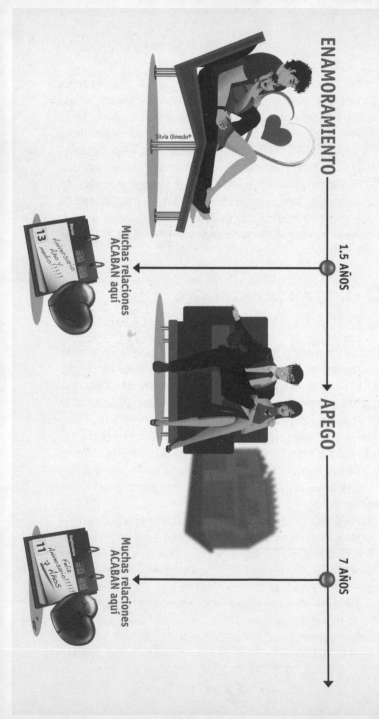

ENAMORAMIENTO

Silvia Olmedo®

1.5 AÑOS

Muchas relaciones
ACABAN aquí

Marzo
13
Aniversario
Año y
medio !!!!

APEGO

7 AÑOS

Muchas relaciones
ACABAN aquí

Septiembre
11
Feliz
Aniversario !!!!
7 Años

Las relaciones sexuales ya no son tan periódicas, en parte porque la atracción sexual decrece. Nos pasa a todos, porque nos acostumbramos al mismo estímulo. Después de años con tu pareja, no vas a reaccionar ni te va a excitar de la misma manera que cuando te tocó por primera vez. Esta situación se conoce entre los hombres como el famoso efecto Coolidge, la atracción sexual del macho aumenta cuando se encuentra con una pareja que es distinta a la habitual. La atracción hacia su pareja tiende a decrecer con el tiempo pero sigue una fuerte atracción hacia otras hembras. Lo que olvidaron mencionar es que este efecto también ocurre entre las mujeres, aunque el tiempo que pasa hasta que sienten atracción por otro hombre normalmente es mayor. Este efecto se ha estudiado en animales −concretamente en ratas− pero los humanos somos más complejos; sin embargo es la excusa que algunos hombres utilizan para justificar su infidelidad o que son de "ojo alegre".

En psicología, la explicación es aún más sencilla: la persona se acostumbra al mismo estímulo. Esto no debe hacernos sentir mal. Simplemente, cuando nos toca nuestra pareja, es como si nos tocáramos nosotros mismos; su mano se vuelve una extensión de la nuestra. Pero esto no necesariamente significa que ya no puede haber una buena relación sexual; sólo hay que ponerle más motivación a la hora de excitar a la pareja ya que el hecho de que conozcas sus rincones más sensibles te da una gran ventaja. El sexo no es peor, pero la atracción sexual decrece. Si somos conscientes de esto, podemos echarle más "ganas" al juego de la seducción. Por ahora te voy a dejar con las ganas de saber cómo aumentar el deseo sexual hacia tu pareja. Abordaremos eso en *Los misterios del sexo*.

Por otra parte, en esta etapa la relación de pareja se asienta. Ya no están los dos aislados del resto del mundo, y vuelven a relacionarse con otras personas. Como ya no tenemos idealizada a la pareja, somos más conscientes de sus virtudes y sus defectos. El apoyo por parte de la pareja, aunque sigue siendo incondicional, es más objetivo a la hora de empezar proyectos.

De lo que más se quejan las parejas en el amor por apego es de la monotonía, de la rutina, de la falta de apetito sexual o de algunos aspectos de la personalidad del otro que no se pueden cambiar y que producen un nivel de frustración cada vez mayor.

## Características del amor por apego

♂ Amas a la pareja tal como es.

♂ Su relación es más robusta, está basada en afinidades personales.

♂ Aceptas a tu pareja y ella te acepta tal como eres. Sensación de serenidad.

♂ Comparten y disfrutan la rutina diaria.

♂ Proyectos comúnes relacionados con la pareja.

♀ Empiezas a descubrir cosas de tu pareja que no te gustan.

♀ Relaciones sexuales menos frecuentes.

♀ Mayor monotonía en la relación.

♀ Mayor probabilidad de infidelidad que en la fase romántica.

Otra cosa que no ayuda nada a una pareja que ya está en la fase de apego es comparar su relación actual con la fase de enamoramiento, en la que todo parece casi perfecto. Establecer estos estándares comparativos es erróneo, así como pensar que si nuestra pareja mira a otra persona significa que no nos quiere.

En muchas parejas, el nacimiento de los hijos hace más difícil la relación. Hay mujeres que no se sienten tan atractivas después de tener un bebé y pierden seguridad en sí mismas; en otras, el cansancio y la demanda de atención del recién nacido hacen que le den menos tiempo a la pareja o incluso que, inconscientemente, la dejen de lado. Por otra parte, algunos hombres cambian la percepción que tienen de su pareja una vez que llegan los hijos: la ven como la madre de sus hijos y les cuesta más trabajo excitarse, o incluso se llegan a sentir culpables. Esto último se debe sobre todo a razones culturales. Si es tu caso, recuerda que tu pareja debe ser mamá y mamacita, sin excluir una a la otra.

# TIPOS DE RELACIÓN

| ASPECTOS / TIPOS | IMPULSO SEXUAL (Rel. Casual) | ENAMORAMIENTO | APEGO |
|---|---|---|---|
| Afinidad de Mundos | — | + | +++ |
| Afinidad de Personalidades | — | + | +++ |
| Química Sexual | + | +++ | ++ |
| Atracción Física | ++ | +++ | ++ |

## VALORES

| Nula — | Baja + | Media ++ | Alta +++ |
|---|---|---|---|

**IMPULSO SEXUAL**

(Relación Casual)
Intenso
Termina muy pronto.

**ENAMORAMIENTO**

Dura aprox. de 6 meses a 1 año y medio
Efecto parecido a una adicción
Se tiene una imagen idealizada de la pareja.

**APEGO**

Con base sólida
Suele crecer con
el tiempo.

Silvia Olmedo®

## Otros tipos de impulso amoroso

### La obsesión **sexual**

Este tipo de amor empieza como un juego. El psicólogo John Lee lo llama *ludus*. La relación empieza como una aventura; tienes uno o varios encuentros sexuales sin compromiso, se rompe la monotonía, aumentan tus niveles de adrenalina y te atraen la incertidumbre y lo inesperado. Se trata de pequeños momentos únicos que hacen sentir vivas a muchas personas.

En varios casos empieza como "amigos con derecho a roce", "un fin de semana de aventura" o "tú y yo tenemos pareja, pero no está mal una aventurita de vez en cuando". Los más jóvenes lo llaman "amigovios" o "free".

La magia o química que se puede generar entre dos seres humanos es impredecible. Cada persona reacciona de manera distinta y, aunque no lo quiera, en muchos casos acaba causándole daño al otro. Uno de los dos se "engancha" a la relación, se siente atraído locamente por la otra persona y empieza a demandar un mayor contacto. La otra parte simplemente tuvo una buena noche, un encuentro o encuentros, placenteros, y no le interesa más compromiso. En estos casos, quien se queda colgado idealiza esos pocos instantes de pasión, los extiende, los magnifica y recuerda cada momento que pasó con la otra persona, creando casi un idilio; una relación que no existió, en su cabeza.

Si eres enamoradizo y sabes que un contacto más íntimo te va a enganchar, mejor evítalo. Nunca se sabe qué tipo de química va a existir con una persona tras una relación sexual. Incluso se puede dar un enamoramiento repentino en el caso de ambos sexos.

Si te pasa esto, y después el galán o la damita ya no te hacen caso, lo mejor es romper todo vínculo y dejarlo ir; entender que no sienten lo mismo que tú y evitar más contactos íntimos que te puedan enganchar. Por otra parte, también se dan casos de encuentros amorosos, aventuras, en los que ambos empezaron jugando y se acabaron enamorando. Definitivamente el amor sigue siendo algo mágico, todavía, impredecible.

## Características de la obsesión sexual

♂ Sensación de aventura/ diversión.

♂ Libertad de experimentación, juegos sexuales.

♂ No hay compromiso, los encuentros sólo son placenteros.

♂ Muy buena química sexual, pocos sentimientos.

♀ Dificultad de que ambos quieran terminar los encuentros sexuales a la vez.

♀ Uno de ellos se puede enamorar, y el otro no.

♀ La persona que se enamora llega a idealizar los momentos con el amante.

♀ Uno se puede obsesionar con el otro a tal punto de hacerle la vida imposible.

## El amor **platónico**

Es difícil que se produzca porque la persona es prácticamente inalcanzable. Un ejemplo es cuando nos enamoramos de una figura pública; la obsesión es tan grande que el famoso en cuestión se vuelve el centro de nuestra vida. En algunos casos, quien se enamora platónicamente puede estar negándose la posibilidad de un amor real, porque no desea darle la oportunidad a nadie más, o simplemente porque piensa que no lo necesita. Si la persona que tiene un amor platónico decide empezar una relación de pareja con alguien más, surgirán dificultades, ya que ni el mejor hombre o mujer del mundo pueden competir con una figura platónica. Si tu pareja tiene un amor platónico, no permitas que te compare.

El problema con los amores platónicos es que nunca nos van a decepcionar, y si estás enamorado de una persona que tiene un amor platónico, ese rival es casi indestructible; competir contra un ideal perfecto es muy complicado.

Por otra parte, cada vez son más comunes las personas que se convierten en *stalkers* o acosadores. En muchos casos, idealizan al objeto de su amor (o celebridad) e interpretan cualquier señal de éste como un gesto de amor. Cuando no son correspondidos, los acosadores pueden llegar a ser peligrosos, pues consideran el rechazo de su amor platónico como algo muy grave, y pueden tomar represalias.

En los casos en que el amor platónico es una persona alcanzable –como un profesor–, la probabilidad de que funcione dependerá de muchos aspectos. El primero es qué tanto se parece el amor platónico a la persona real; es decir, nuestro nivel de expectativas. También es importante notar que, desde un principio, la relación empieza desnivelada: hay uno que idealiza y ama a la persona deseada, y otro que sólo tiene, como mucho, algo de interés. Desde ese punto de vista, es difícil que alguien se gane el corazón del otro; tiene que haber un interés mutuo o, al menos, la situación no debe ser tan desigual. No soy una gran creyente de materializar los amores platónicos, pero si conoces a tu amor platónico y de verdad lo quieres intentar, estos consejos te pueden ayudar:

## ASPECTOS A TOMAR EN CUENTA SI QUIERES MATERIALIZAR UNA RELACIÓN PLATÓNICA

💜 Establece un intento de relación cuando ya no exista un vínculo laboral o académico.

💜 No lo adores ni lo adules.

💜 Llévalo a un sitio donde no esté en un ambiente de ventaja.

💜 Date la oportunidad de conocer a la persona detrás del personaje.

💜 Fíjate un límite de tiempo y los recursos que vas a emplear para seducirlo.

## El amor **por conveniencia**

Este tipo de amor se daba bastante en siglos pasados entre las monarquías y la gente de clases privilegiadas, con el objeto de conservar la riqueza entre las familias. Se trataba de un contrato mercantil, más que de una relación amorosa. En estos casos podía haber afecto y respeto, y tenían relaciones sexuales por la necesidad de procrear, pero quedaba un vacío emocional y pasional que no era cubierto. ¡Y pensar que mucha gente ha muerto sin sentir esas cosquillitas en el estómago! En la actualidad todavía se realizan matrimonios "arreglados", la mayoría por razones religiosas. Debe ser terrible que te digan: "Te presento a tu futura esposa o esposo".

# El proceso
## de la Atracción y la Seducción, al enamoramiento

¿Qué nos lleva a enamorarnos? ¿Cuál es el primer paso que nos hace sentir atraídos hacia una u otra persona? A veces puede ser un simple coqueteo, o puede llegar a ser un amor de años. Otras veces, después de acercarnos a quien inicialmente nos gusta, hay un intercambio de palabras que no da para más. ¿Hay una fórmula para predecir si nos vamos a enamorar de alguien o no? No, pero existe un proceso que normalmente seguimos hasta llegar a enamorarnos.

## 💋 Primero atraer para seducir

¿Qué es seducir? En el contexto de este libro, seducir es atraer a alguien para que se interese por ti y llegue a convertirse en tu pareja, ya sea de una noche o de por vida.

No hay que confundir seducir con enamorar. Es cierto que la puerta de entrada del enamoramiento es la seducción, y en muchas ocasiones no va más allá de generar un interés en el otro, pero antes de seducir a una persona la tenemos que atraer.

♀

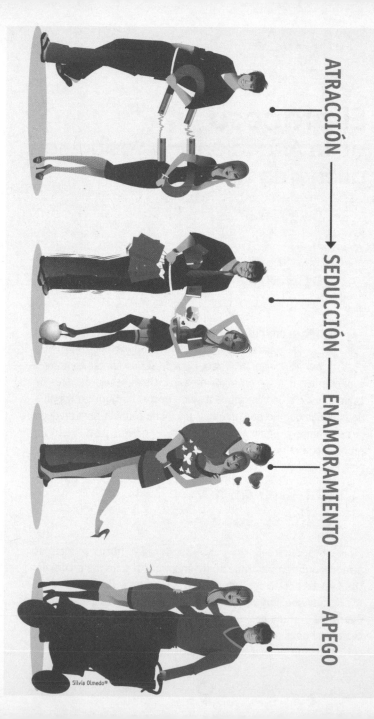

CICLO DEL AMOR

ATRACCIÓN → SEDUCCIÓN — ENAMORAMIENTO — APEGO

Silvia Olmedo®

## Las claves **de la atracción**

¿Qué nos hace sentir interesados en una persona y no en otra? Existe una serie de características universales respecto a qué nos atrae de otra persona y, contrario a muchos animales que se guían por el sentido del olfato, el ser humano ha sacrificado este sentido por el de la vista. Inicialmente, la mayoría de las señales que buscamos son visuales; buscamos con la mirada pequeños mensajes, información de la otra persona que, de manera inconsciente, aumenta el interés hacia ella o lo descarta totalmente.

Lo que primero buscamos, tanto los hombres como las mujeres, es información relacionada con la buena salud. Una piel sin cicatrices por enfermedades y sin manchas (un color amarillento o muy pálido implica infección o anemia), unos dientes sanos, un pelo sano y la falta de olores desagradables (normalmente causados por infecciones), son señales de ausencia de enfermedad. De manera inconsciente, enviamos la señal de que estamos lo suficientemente saludables, y que no nos deben descartar como posibles candidatos.

Si bien estos aspectos no son garantía de que le vayas a gustar a alguien, si los presentas, la persona te descartará de su punto de mira casi de una manera inconsciente.

## INDICADORES FÍSICOS QUE PRODUCEN RECHAZO

❤ Piel con heridas y marcas

❤ Color amarillento de piel o palidez

❤ Mal olor

❤ Obesidad

❤ Falta de peso

❤ Mal aliento

❤ Dientes en mal estado

Un mayor acercamiento dará la oportunidad al sentido del olfato para detectar mal aliento o mal olor. Ambas señales llevan a pensar que el posible candidato o candidata puede estar enfermo, y generan una respuesta instintiva de rechazo al implicar poner en riesgo nuestra propia salud.

Otro aspecto que nos atrae sin darnos cuenta es la simetría. Las personas con genes más saludables presentan una mayor simetría no sólo en su rostro, también en distintas partes del cuerpo. De manera inconsciente buscamos la simetría en todo el cuerpo de la otra persona, pero ésta es más evidente en la cara. Cuando alguien tiene el rostro muy asimétrico, sentimos que hay algo que no nos gusta y no sabemos por qué. Incluso las modelos no tienden a posar en una foto de manera frontal e inclinan su cara a un lado u otro para disimular la asimetría.

El oído también representa un papel muy importante. Un hombre con una voz aguda, no se nos hace atractivo, implica que su nivel de testosterona en la pubertad tal vez fue bajo y por lo tanto podría tener posibles problemas en su desempeño sexual.

Gracias a esta búsqueda de información una vez que ya hemos descartado todos aquellos "galanes/galanas" que por razones de salud no son aptos, empieza el verdadero casting.

En esta fase que sigue la mujer se comporta de una manera distinta a la del hombre.

## 💋 ¿Qué atrae a los hombres?

Si bien el hombre ha cambiado mucho en su forma de amar y de reproducirse, aún quedan vestigios de cuando vivía en el estado de naturaleza "pura", y de manera inconsciente se fija en ciertos rasgos de las hembras que son más atractivos. Por esta razón, los hombres buscan aspectos relacionados con la fertilidad y les seduce más el cuerpo que el rostro, aunque éste también los atrae una vez que se acercan más.

En el estado de naturaleza pura, el objetivo del hombre en un primer momento era copular con el mayor número de hembras para tener más descendencia. Esto era más difícil de lo que se pensaba, y muchos podían llegar a morir sin haber tenido nunca relaciones sexuales. La lucha con los animales y la feroz competencia con otros machos, provocaban que éstos fueran menos exigentes con tal de tener relaciones; era suficiente que las hembras estuvieran sanas y mostraran señales de fertilidad.

En un primer acercamiento, ¿qué aspectos o rasgos de fertilidad busca el hombre? Por varias razones, lo que más le llama la atención es la proporción cadera-cintura. Las curvas indican que la mujer ya está en edad fértil (cuando empieza a ovular acumula más grasa en las caderas para poder embarazarse y mantener sano al embrión). Las mujeres tienen 20 por ciento más grasa que el hombre por esa misma razón. Muchas mujeres con trastornos alimentarios como la anorexia, dejan de ovular, ya que no cuentan con la grasa suficiente para engendrar a un hijo.

Una cintura estrecha, además de fertilidad, también implica salud. No es casualidad que las personas con tendencia a la diabetes les midan la cintura, un aumento de ésta es un indicador de problemas de diabetes.

¿En qué se fijan más los hombres: en los pechos o en el trasero? La respuesta tiene mucho que ver con nuestro carácter evolutivo y nuestros antepasados. Cuando el ser humano aún no era un bípedo perfecto (no andaba bien sobre las dos piernas), el coito era por detrás, como en la mayoría de los animales. De este modo, además de ver qué tan bien provistas de grasa estaban las caderas y qué capacidad tenía la hembra para engendrar descendencia, el macho podía divisar la entrada a la vagina y olerla de cerca.

La atracción hacia los pechos corresponde a un periodo posterior o más evolucionado del desarrollo humano, que coincide con la posición completamente vertical. A diferencia de otras hembras, la mujer siempre tiene volumen en los pechos durante la edad adulta y eso, en parte, es un indicador de la buena capacidad para alimentar a su descendencia.

En definitiva, el hombre es menos selectivo, y hay un gran número de candidatas para la fase posterior: la de seducción. Para una mujer es muy obvio cuando un hombre se acerca a hablar con ella sin mayor interés: en 10 minutos podrá ser testigo de cómo el hombre utiliza las mismas frases coquetas con otra candidata.

# ASPECTOS QUE ATRAEN INICIALMENTE A UN HOMBRE AL FIJARSE EN UNA MUJER

(El proceso de casting)

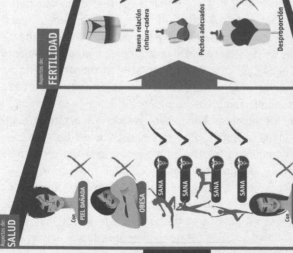

**Aspectos de: SALUD**

Con **PIEL DAÑADA** ✗

**OBESA** ✗

**SANA** ✓
**SANA** ✓
**SANA** ✓
**SANA** ✓

Con **BOCA EN MAL ESTADO** ✗

**SANA** ✓

**MUJER**

Silvia Olmedo®

**Aspectos de: FERTILIDAD**

Buena relación cintura-cadera ✓

Pechos adecuados ✓

Desproporción ✗

Buena relación cintura-cadera ✓

Buenas curvas ✓

Buena relación cintura-cadera ✓

**MÁS CANDIDATAS PASAN A LA FASE DE SEDUCCIÓN**

# 👄 ¿Qué atrae a las mujeres?

En la parte inicial del proceso, antes de la seducción, es necesario que exista atracción. Y la mujer, al igual que el hombre, va a buscar de manera inconsciente rasgos de mala salud o enfermedad. Una vez descartados todos los galanes con una mala salud o indicios de ésta, empieza el verdadero casting. Nosotras somos más selectivas que ellos, buscamos más señales de que el hombre cumpla con todos los requisitos mínimos para así darle oportunidad al proceso de seducción y propiciar un encuentro más cercano.

De manera inconsciente, las mujeres buscan rasgos de buena salud, aunque sólo tengan en mente una noche de pasión. También buscan a alguien que sea fuerte, no solamente para que las proteja a ellas, sino a su descendencia, y así ésta tenga mayor probabilidad de sobrevivir. No debemos olvidar que un recién nacido humano es mucho más inmaduro que los bebés del resto de las especies. La mujer se fija en rasgos que denotan fuerza, como la espalda ancha y un buen tono muscular. También se siente atraída por la cara; por ejemplo, los hombres con mayor testosterona tienen mandíbulas más cuadradas. Por otra parte, rasgos de riqueza y de poder también atraen a la mujer, aunque sea de manera inconsciente, ya que son indicios de buen proveedor.

Es importante recalcar que los hombres con demasiada musculatura no resultan tan atractivos para la mayoría de las mujeres; es un cánon de belleza que gusta más a los hombres homosexuales. Hay mujeres que les acompleja un poco estar con alguien cuyos pectorales son más grandes que sus pechos.

¿Y los atributos sexuales? ¿Se fijan o no las mujeres en ellos? Sí lo hacen, pero no es su prioridad. Antes de pensar en sexo tienen que considerar si vale la pena tenerlo con el galán. Por eso, todos los aspectos que impliquen salud, fuerza, protección, poder y buenos genes, son lo primero que toman en cuenta; los genitales pasan a segundo plano. Y hablando de ellos, ¿qué es más importante: el tamaño o la erección?

## El tamaño o la erección:
### ¿qué es más importante?

El hombre es uno de los machos para quienes el coito es más complejo. Para empezar, en vez de tener un hueso en el pene (llamado báculo o hueso peneano, como muchas otras especies) que le ayudaría a mantenerlo erecto, el hombre debe conseguir una erección sin ayuda. Se trata de un mecanismo de acumulación de líquido, un sistema hidráulico perfecto que implica que si el macho tiene algún problema de salud (cardiovascular/diabetes/nervioso), no consigue una erección. Esto ayudaba a nuestras antecesoras a descartar a los machos no saludables y a los hombres mayores. Y es que el pene es tan buen amigo del hombre que le avisa oportunamente cuando existe un problema de salud como diabetes, ateroesclerosis, enfermedades renales, vasculares, neurológicas o mentales, impidiendo la erección y sacándolo del juego de la reproducción.

Podríamos decir que la erección es más importante que el tamaño, siempre y cuando éste no sea excesivamente pequeño.

¿Y el tamaño? ¿Importa a la hora de la seducción? No es lo primero en lo que se fijan las mujeres, pero adquiere una mayor importancia en las distancias cortas (aun así, menos de lo que los hombres creen). El pene del hombre es mayor en proporción al de otros primates, pues la vagina de la mujer es más profunda. Así, el tamaño del pene tiene relación con el tamaño del útero y, por ejemplo, en las razas en las que las mujeres son más pequeñas, el pene del hombre será más pequeño.

Un pene erecto menor a 8 ó 10 centímetros (dependiendo la raza) se llama micropene, y puede representar problemas a la hora del coito. A partir de un pene erecto de 10 centímetros, una mujer puede quedar embarazada. Una longitud en erección de entre 13 y 17 centímetros, dependiendo la raza, es suficiente. Si el pene es más grande, podría producir dolor a muchas mujeres.

¿Es verdad que hay razas cuyos hombres tienen penes más grandes que los de otras razas? Sí, pero esto se relaciona sobre todo con el tamaño total del cuerpo del hombre y de las mujeres. Por ejemplo, en promedio, los orientales (mongoloides) tienen el pene más pequeño que los blancos (caucasoides), y los de raza negra (negroides) lo tienen más grande. Hay que tener mucho cuidado con quienes hablan de la raza latina, ya que ésta no existe como tal. Armando Manzanero no es la misma raza que Luis Miguel ni la de Kalimba. Dentro de esa gran riqueza cultural de los latinos puede haber distintas razas y, consecuentemente, distintos tamaños. También cabe destacar que, en el continente americano, hay poca gente de una sola raza; la mayoría es una mezcla de varias. Por eso recomiendo que no hagan mucho caso a las estadísticas que hablan del tamaño del pene del latino.

Aún no he contestado la pregunta sobre si el tamaño importa. La respuesta es sí, pero las mujeres le damos mucha menor importancia que los hombres. Esto sucede a tal grado, que para muchos hombres (sobre todo jóvenes) el tamaño de su pene se convierte en una obsesión, y por eso muchos psicólogos lo han comenzado a considerar como un trastorno de dismorfia corporal, igual que la anorexia y la vigorexia. Aunque todavía no se aprueba el término de penorexia, cada vez hay más jóvenes preocupados por el tamaño de su pene. Esta obsesión se debe, en parte, a la presión que ejerce la industria de las películas porno o incluso las de Hollywood. En ellas se muestran tamaños de penes muy por encima del promedio, y esto hace creer a muchos hombres que no es suficiente con tener 17 centímetros de erección.

En las distancias cortas, las mujeres también se fijan en los testículos, aunque bastante menos que en el pene. Los testículos son un indicador de la promiscuidad femenina en las distintas especies. Si una hembra es muy promiscua, la capacidad de producir esperma tiene que ser mayor en los machos y por lo tanto, deben tener unos testículos capaces de almacenar más esperma. Las hembras de los chimpancés son extremadamente promiscuas, pueden llegar a tener relaciones sexuales más de ocho veces al día. Esto hace que los chimpancés machos tengan unos testículos más grandes en comparación con el resto de su cuerpo. Las hembras de los gorilas son menos promiscuas y más fieles; eso hace que los gorilas machos tengan unos testículos más pequeños. El tamaño de los testículos del hombre en relación con su cuerpo, está entre el chimpancé y el gorila.

Además de la producción de espermatozoides, la labor de los testículos es generar fricción durante el coito, lo cual produce una estimulación placentera en la vulva de la mujer.

Como dato curioso, dependiendo de la parte del ciclo menstrual en que se encuentre una mujer, se sentirá atraída por determinado tipo de rasgos en el hombre. Si se encuentra en el periodo de ovulación (cuando existe una gran probabilidad de quedar embarazada), sentirá mayor atracción por hombres viriles, con mandíbula cuadrada, que implica mayor nivel de testosterona. Pasado el periodo de ovulación, se sentirá atraída por hombres de rasgos más "dulces" y, por ende, con una mayor tendencia a ser buenos cuidadores.

# ASPECTOS QUE ATRAEN INICIALMENTE A UNA MUJER AL FIJARSE EN UN HOMBRE

(El proceso de casting)

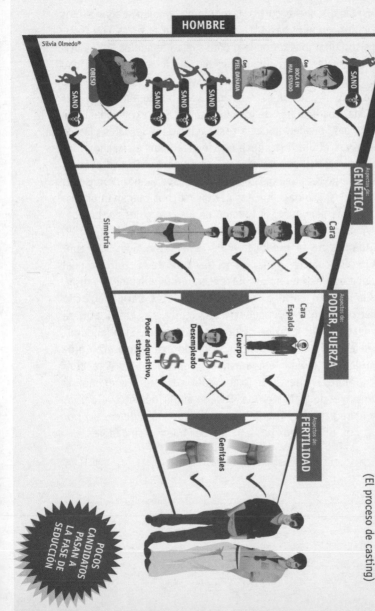

HOMBRE

Silvia Olmedo®

**Aspectos de: SALUD**

SANO

OBESO

SANO

SANO

SANO

Con PIEL DAÑADA

Con BOCA EN MAL ESTADO

SANO

**Aspectos de: GENETICA**

Simetría

Cara

**Aspectos de: PODER, FUERZA**

Poder adquisitivo, status

Desempleado

Cara
Espalda

Cuerpo

**Aspectos de: FERTILIDAD**

Genitales

POCOS CANDIDATOS PASAN A LA FASE DE SEDUCCIÓN

# De la atracción
## a la seducción

**Y**a hemos visto un candidato que nos atrae. ¿Qué sigue después? A partir de este momento, empezamos a tomar más en cuenta otros aspectos relacionados con la personalidad. Ciertos rasgos del carácter de la otra persona nos hacen sentir más atraídos y a gusto, como el sentido del humor, la inteligencia, la seguridad, la dulzura, la ingenuidad, etcétera.

El rostro brinda mucha información acerca de cómo es la persona, si le gustamos o no, incluso, de su nivel de interés en nosotros. Una vez que hay atracción física, el interés por la otra persona empieza a aumentar y aumenta también nuestro interés en saber más de ella, de descifrar su misterio.

Si queremos seducir a alguien es importante mostrar en todo momento seguridad; las personas con problemas de autoestima tienen serias dificultades de seducción y les es difícil acercarse a quienes les gustan. Por lo general, esta inseguridad sucede cuando estamos centrados en aquello que nos desgrada de nosotros; nos obsesionamos con quererlo esconder, en vez de enfocarnos en nuestros atributos positivos.

♀

Hasta hace poco los hombres se acercaban a las mujeres, sólo ellos tenían que hacer todo el primer acercamiento. Afortunadamente, las cosas están cambiando. Cada vez son más las mujeres que dan el primer paso y se acercan al galán que les atrae. Digo afortunadamente porque como las mujeres somos más selectivas, si debemos esperar a que nos descubran y se acerquen a nosotras, pueden pasar años.

---

## CARACTERÍSTICAS DE LOS BUENOS SEDUCTORES

❤ No anticipan el fracaso, piensan en positivo.

❤ Se fijan en sus aspectos positivos, "tengo algo bueno que ofrecerte".

❤ Seguros, pero no hablan de sus aspectos positivos, hacen que tú te des cuenta.

❤ Saben escuchar.

❤ Su lenguaje verbal es coherente con el corporal.

❤ Se toman su tiempo, disfrutan la conversación, no tienen prisas.

❤ Tienen sentido del humor.

❤ No ven el rechazo como un fracaso, simplemente no le pueden gustar a todas.

---

# 👄 La química de los olores

¿Hasta qué punto tiene importancia el olor corporal? Para aquellos que no cuidan mucho la higiene, los olores corporales tienen mayor importancia de la que imaginamos. Desgraciadamente, la contaminación nos está haciendo perder el sentido del olfato. A diferencia de otros animales como los perros, que en las distancias largas no sólo identifican una posible pareja, sino también un peligro inminente o el miedo de otro animal, los humanos hemos perdido gran parte de este sentido. Por fortuna, todavía nos funciona en las distancias cortas. Este sentido es uno de los más primitivos y está relacionado directamente con la parte más instintiva de nuestro cerebro: el hipotálamo, donde también se registran las emociones. ¿A quién no le ha sucedido que al oler un plato que le solía preparar su abuela, le llega una sensación inmediata de bienestar y confianza? En otras ocasiones, nuestro olfato también nos puede hacer sufrir. Quienes han vivido una experiencia traumática como una violación, pueden tener un ataque de ansiedad 10 años después de lo ocurrido, tan sólo con oler algo relacionado con ese evento. En el caso de los pacientes que en el pasado se sometían a quimioterapias agresivas y no existían fármacos para controlar el vómito posterior, el simple olor a hospital les producía vómitos.

Cuando nos encontramos con una posible pareja y ésta tiene un olor desagradable se produce un rechazo inmediato. De manera inconsciente, él o ella nos envía indicios de su mala salud mediante el olor. De una manera más sutil, a través de nuestra piel y de nuestro sudor liberamos un olor que aporta información sobre nuestros genes y sistema inmunológico (el que nos defiende de las enfermedades). Curiosamente, cuanto más distinta sea a nosotros la persona en términos de histocompatibilidad (HLA), más nos vamos a sentir atraídos hacia ella, pues esto implica que la descendencia estará más protegida de un mayor número de enfermedades (aquellas de las que tu pareja y tú están protegidos por sus sistemas inmunológicos). Estos aspectos pueden explicar por qué, en ocasiones, existe una atracción hacia otra persona –sobre todo después de un encuentro íntimo–, pero la relación no necesariamente se materializa a largo plazo si hay incompatibilidades de personalidad o estilos de vida.

En la actualidad se están haciendo muchos estudios relacionados con el olfato, y se ha encontrando que el uso de los anticonceptivos en las mujeres podría estar provocando que éstas se sientan atraídas por un tipo de hombre muy distinto al que les atraería si no estuvieran tomando la píldora anticonceptiva.

## ¿Se puede comprar un perfume de feromonas para enamorar a todos?

Contrariamente a lo que dicen los anuncios publicitarios, no existe un perfume de feromonas para atraer a cualquier persona. Si existiera, Alejandro Fernández y George Clooney ya serían míos. El olor que atrae a unos puede provocar rechazo en otros. Lo que nos atrae hacia una persona, cuando la olemos en las distancias cortas, es la sutil información que libera acerca de su sistema inmunológico. Cuanto más distinto sea al nuestro, más nos vamos a sentir atraídos hacia ella. Para demostrar esto, en una investigación metieron en distintos botes camisetas sudadas de hombres que las habían usado durante dos días. Después, se les pidió a unas mujeres que identificaran cuáles les atraían más. El resultado fue que se sintieron más atraídas por las camisetas de los hombres que en términos de histocompatibilidad (o sistema inmunológico) eran más distintas a ellas. Esto también explica por qué nos sentimos menos atraídos entre los miembros de una familia.

En la actualidad hay perfumes en los que se incluyen derivados de estrógenos para atraer a los hombres, y de testosterona para atraer a las mujeres, y provocar así una mayor atracción hacia quien lo usa. Lo cierto es que, más que el olor a testosterona o a estrógenos, que todavía no han demostrado que pudiera generar deseo, lo que nos atrae de nuestra pareja es su aroma especial, único y opuesto al nuestro.

# Hacia el
## enamoramiento

Ya hemos atraído a esa persona y la hemos seducido: está claramente interesada en nosotros. ¿Cómo y cuándo se produce el enamoramiento? No se sabe el momento específico en el que vemos casi de manera mágica a la otra persona, pero por lo general ocurre durante la seducción, mientras estamos intimando (y el proceso no es sencillo). En la mayoría de las parejas hay un encuentro íntimo que implica un intercambio de olores. Por lo general se da una relación sexual placentera en la que se libera oxitocina produciendo un vínculo afectivo mayor. Como afirman Arthur Aron y Helen Fisher, se activa la misma parte del cerebro que cuando estamos en un *rush* tras haber inhalado cocaína. Experimentamos una intensa sensación de energía, nos dan ganas de hacer todo, nos sentimos capaces de todo. Los niveles de dopamina y norepinefrina aumentan, así como la sensación de energía y euforia; la dopamina facilita el incremento de la testosterona (hormona relacionada al incremento del deseo sexual), y la norepinefrina genera un estado de alerta que nos lleva a focalizarnos en la persona amada. Por otra parte, nuestros niveles de serotonina bajan, lo cual

♀

deriva en una mayor cantidad de pensamientos obsesivos en torno al ser amado. Gracias a la dopamina y a la norepinefrina, esta obsesión nos hace sentir como si estuviéramos en las nubes.

> Que yo no lo sabía,
> quién me lo iba a decir,
> que sólo con tu sonreír
> inundarías todo mi ser de alegría.
>
> *Elefantes*

Curiosamente, la serotonina es un neurotransmisor involucrado en la depresión y en los trastornos obsesivo-compulsivos. Cuando estamos deprimidos, los niveles de dopamina y norepinefrina son bajos; esto nos quita todas las ganas y la energía para hacer algo. Y, si al mismo tiempo, los niveles de serotonina son bajos, nuestros pensamientos serán obsesivos y estarán dirigidos hacia cosas negativas, como: "No vale la pena vivir", "no sirvo para nada" o "sería mejor que no existiera".

¿Qué otras sustancias químicas intervienen en el enamoramiento? La dopamina, las endorfinas, la vasopresina y la oxitocina. La vasopresina, al igual que la oxitocina, está más ligada a los lazos afectivos con la pareja, y se asocia con una disposición a la fidelidad. La oxitocina es una hormona que se produce en grandes cantidades durante las contracciones del parto; ayuda a la mujer a expulsar al bebé por la vagina, y contribuye a que surja un sentimiento de amor intenso entre la madre y el recién nacido. Muchas mujeres describen el amor hacia un hijo como un enamoramiento que dura toda la vida, y en un primer momento, cuando el niño nace, es así. Según estudios, algunas mujeres cuyos hijos nacen mediante cesárea, no producen las contracciones del parto y no liberan tanta oxitocina, por lo que el nexo emocional con el recién nacido tarda un poco más en establecerse. En el caso de las relaciones de pareja, cuando una mujer tiene un orgasmo se dan pequeñas contracciones y se libera oxitocina. En la actualidad se realizan diversas investigaciones que pretenden explicar la relación entre el enamoramiento de la mujer y la capacidad de tener un orgasmo intenso. Las mujeres tienden a enamorarse más de aquellos hombres con quienes experimentaron orgasmos más intensos.

## El amor: las diferencias entre los hombres y las mujeres

Fue Simon Baron-Cohen quien se atrevió a decir que el cerebro de la mujer y del hombre son muy distintos. Sus estudios sobre el autismo dieron pie a que se reflexionara sobre las diferencias entre el cerebro masculino y femenino. Baron-Cohen relacionó la falta de empatía con el trastorno del espectro autista: los cerebros de estas personas son muy sistematizados, pero carecen de empatía. Curiosamente, este trastorno se da mucho más en los hombres que en las mujeres. El cerebro del hombre es un cerebro más sistematizado y asertivo; tiene mayor facilidad para construir sistemas y comunicar sus necesidades pero le cuesta más trabajo leer los sentimientos de otras personas, y también tiene menor capacidad empática. Por cierto, empatía es la capacidad de entender los sentimientos y ponerse en el lugar del otro. ¿Para qué te sirve saber esto? Principalmente, porque los estilos de comunicación y la manera de percibir el amor son muy distintos y, si estuviéramos conscientes de ello, nos ahorraríamos muchos problemas con la pareja.

El hombre muestra su amor de una forma muy distinta; por razones también culturales y no sólo de género, le cuesta trabajo hablar de sus sentimientos y leer los de su pareja. En cambio, la mujer ha desarrollado un sexto sentido que le permite leer mejor los sentimientos de los otros. Esto sucede, en parte, porque al tener descendencia desarrolla un sexto sentido que le permite leer las necesidades de un recién nacido a partir de sus gestos faciales. Además, es empática, está más enfocada en saber qué está sintiendo el otro y lo que quiere comunicar.

Hay mujeres que se pueden sentir frustradas por la falta de tacto de su pareja, quien no las entiende y le cuesta trabajo leer sus sentimientos y lo que les sucede. Un buen ejemplo es cuando al hombre se le olvida una celebración importante. Lo más común es que él le pregunte a su pareja: "¿Te pasa algo?" Y que ella responda: "No", pero esté disgustada por el hecho de que no se haya acordado de esa fecha especial y ella lo interpreta como una señal de que su pareja no la ama tanto. Entonces, él se frustra por la reacción tan arisca de ella, no entiende por qué responde tan agresivamente si lo único que él hace es mostrar interés hacia ella.

## Entonces, ¿nos atrae lo parecido o lo completamente distinto?

Ambas cosas. Obviamente, tenemos ciertos estándares del tipo de persona que nos gusta: rubio, moreno, de ojos claros, oscuros, etcétera. Por lo general, nos atraen personas que comparten nuestros símbolos, cultura y preferencias, pero hay algo que no podemos controlar: el aspecto químico o la atracción inconsciente.

Podemos sentir una atracción física hacia alguien que es opuesto a nosotros y si a esto le sumamos que existe una relación sexual muy buena, nos podemos enganchar con una persona que, si bien no era la que más nos gustaba, nos hace sentir locamente atraídos.

*Me lo dijeron mil veces,*
*mas yo nunca quise poner atención.*
*Cuando vinieron los llantos,*
*ya estabas muy dentro de mi corazón*
*Te esperaba hasta muy tarde, ningún reproche te hacía,*
*lo más que te preguntaba era que si me querías...*
*Eres mi vida, mi muerte, te lo juro, compañero,*
*no debía de quererte, no debía de quererte,*
*y sin embargo te quiero.*

(Quintero, León y Quiroga)

Si sólo existe eso, esa poderosa atracción genera una idealización, y podríamos incluso llegar a enamorarnos. En un principio, las relaciones sexuales compensan todo, hasta que la fase de amor romántico acaba y las diferencias de personalidad y de los mundos de los que proviene cada uno son demasiado grandes; entonces, la relación termina. Lo ideal es encontrar una persona que comparta contigo un mundo parecido, pero que su histocompatibilidad sea completamente distinta a la tuya, para que exista una fuerte atracción; además, convendría que el sexo fuera fantástico y sus personalidades afines. Ufff, ¡qué difícil!, ¿verdad?

## ¿Nos podemos enamorar de dos personas a la vez?

Casi todos hemos conocido a alguien que está con dos parejas a la vez, o que, aunque tenga una pareja, constantemente se relaciona de manera sexual con otras personas. ¿Por qué pasa esto? Si en verdad amamos a alguien, ¿podemos tener una relación con otra persona?

Para quienes piensan que tener una relación extramarital implica ya no amar a la pareja, deben saber que la explicación es un poco más compleja de lo que creemos. Si bien una infidelidad puede suponer que ya ha terminado la relación con la pareja, no siempre es así. Tras el análisis de más de 400 cartas de mujeres y hombres que reconocían haber tenido una relación extramarital, se descubrió que más de la mitad confesaban aún amar a su pareja y no querer perderla bajo ningún motivo. Entonces, ¿por qué lo hicieron? ¿Por qué pusieron en riesgo la relación? ¿Fue sólo por sexo? En parte, sí. Pero también por romper la rutina y poner un poco de aventura en sus vidas.

> *De sobra sabes que eres la primera,*
> *que no miento si juro que daría por ti la vida entera...*
> *Y sin embargo, un rato cada día,*
> *ya ves, te engañaría con cualquiera,*
> *te cambiaría por cualquiera.*
>
> *Joaquín Sabina*

Entonces, ¿podemos o no amar a dos personas a la vez? La respuesta es sí, pero de distintas maneras. Quizá sientas dos impulsos amorosos, pero la naturaleza de estos impulsos va a ser distinta. Si estás enamorado románticamente de alguien, es muy difícil que tengas una relación con otra persona, ya que el amor romántico es excluyente. Estás tan obsesionado con esa persona, que no piensas en nadie más. Varias personas me han escrito diciéndome que tuvieron relaciones sexuales con otros mientras estaban en la fase de enamoramiento u amor romántico. Tras un análisis detallado, comprobamos que la mayoría verdaderamente no estaba en la fase de enamoramiento o amor romántico sino que su relación se encontraba en fase de apego.

La mayor parte de quienes dicen amar a dos personas a la vez, están en una relación de apego (o a largo plazo) con una pareja que les da seguridad, serenidad, amor y muchas veces una familia, y a la vez sostienen una relación pasional, basada en el sexo y la aventura.

*Yo no puedo comprender*
*cómo se pueden querer*
*dos mujeres a la vez,*
*y no estar loco*
*...una es el amor sagrado*
*compañera de mi vida*
*esposa y madre a la vez*
*la otra es el amor prohibido*
*complemento de mis ansias*
*y a quien no renunciaré.*

Antonio Machin

Muchos pasan de una relación pasional a otra, mientras permanecen durante años con su pareja, con la que tienen una relación de apego. La explicación que estas personas suelen dar a dichas "relaciones" es que añaden aventura a su vida.

*No quiero ser tu amigo,*
*sólo quiero ser tu amante,*
*sin importar cómo acabe,*
*sin importar cómo comience...*
*...deja las llaves en el recipiente,*
*dale a tu esposo el beso de buenas noches.*

Radiohead

Cuando hay algo más que una atracción física, puede surgir el enamoramiento hacia el amante. Si esto pasa, ambos terminan rompiendo su relación de pareja o matrimonio, o bien simplemente mantienen una vida paralela durante años, por el tiempo que dure su vínculo. Y si sólo uno de los amantes rompe su vínculo estable, se puede encargar de acabar con el matrimonio del otro.

*Cuando supe toda la verdad, señora,*
*ya era tarde para echar atrás, señora*
*yo era parte de su vida y él mi sombra.*
*Cuando supe que existía usted, señora,*
*ya mi mundo era sólo él, señora...*
*Ya llevaba dentro de mi ser su aroma.*

*(Manuel Alejandro)*

## ¿Nos podemos enamorar de la persona errónea?

Hay parejas que están completamente enamoradas y cuyo grado de atracción sexual y física es enorme, pero son incompatibles tanto en personalidad como en los mundos de los cuales provienen. Se sienten atraídas como un imán, pero la relación no puede crecer porque hay una total incompatibilidad en otros aspectos. Si ambos están enganchados, va a ser muy difícil separarse, porque el vínculo establecido es de necesidad: necesitan tenerse el uno al otro. Estas relaciones suelen acabar muy mal. El famoso concepto de "ni contigo ni sin ti" puede destrozar emocionalmente a ambos.

## ¿Se enamoran igual los homosexuales?

Quienes afirman que las personas con orientación sexual hacia su mismo sexo se enamoran menos, se equivocan. Amor homosexual o heterosexual, es amor. Cuando entrevisté a la doctora Fisher, ella mencionó que el enamoramiento entre homosexuales incluso podía ser más intenso.

*Lo que tú no sabías es que aunque nacieras princesa no querías un Romeo, esperabas a Julieta.*
*Nadie supo explicarte por qué la querías que el hombre de tu vida se llamaba María.*

Iván Guevara

El motivo por el cual el amor entre homosexuales puede ser más intenso (sobre todo en la fase de enamoramiento), es porque hay un componente clave en estos casos: la adversidad. La adversidad, la oposición al amor de los amantes en la fase de amor romántico, fortalece la relación entre ellos, se unen más para luchar por su amor. No es casualidad que en muchas de las novelas y las grandes historias de amor haya alguien que se oponga al amor provoncando el efecto contrario y haciendo que la relación se fortalezca.

## 💋 ¿También se enamoran los animales?

Según la mayoría de los científicos la gran mayoría de los animales no se enamora como lo hacemos nosotros, pero eso no significa que no tengan sentimientos, emociones y preferencias. Muchos científicos han estudiado a los mamíferos, y aunque muchos segregan oxitocina (la hormona del amor), no han logrado identificar conductas de enamoramiento como las que se dan en los humanos. En casi todas las especies animales, la atracción intensa corresponde con el periodo de celo. Pero el amor romántico, tal como lo conocemos, es casi exclusivo de los humanos. Los mamíferos desarrollan fuertes relaciones afectivas con seres de su misma especie, o de otras, pero es muy difícil que se enamoren al estilo de Leonardo DiCaprio en *Titanic*.

Psicólogos y antropólogos evolutivos están descifrando las conductas amorosas de especies como los elefantes, los bonobos y los chimpancés. Los vínculos emocionales que establecen estos animales con sus parejas está cambiando la forma de pensar de muchos sobre la forma "única" que tenemos de amar los humanos. Quizá nos falta aprender mucho más sobre los animales y no constituir al ser humano como el centro del mundo y, menos, el dueño de la palabra "amor".

## 👄 ¿El amor acaba? La crisis de los 7 años

No existe un número específico de años para que expire una pareja, pero muchos psicólogos coinciden en que, entre los cinco y los siete años de la relación, puede haber una mayor tendencia a los conflictos y al deseo de terminarla.

En 2007, Gabriele Pauli, una política alemana, sugirió que los matrimonios tuvieran una duración de siete años, y que se renovaran si ambos cónyuges estaban de acuerdo; de esa manera se ahorrarían divorcios.

Después de transcurridos cinco o siete años juntos, muchos de los objetivos de la pareja están cumplidos: ya han tenido familia, y con ello más responsabilidades. Las cosas de los hijos pequeños que motivaban a los padres ya no están tan presentes, ahora enfrentan problemas de adultos, y los padres no son tan necesarios para resolverlos o incluso los hijos en su etapa de búsqueda de su propia identidad se revelan contra los padres. Por otra parte, la pareja tiene diversos deberes y pocos beneficios: pagar las cuentas, trabajar, cuidar a los niños. Generalmente, la pareja ya no tiene nada que ver con lo que era, los abrazos, las muestras de cariño y la aventura han desaparecido. En vez de hacer un esfuerzo y dedicar todos los días un tiempo para ellos solos, lo único que hacen es sacrificarlo a expensas de centrarse en otros deberes.

Lo que he dicho hasta ahora no debe desanimar a las parejas que llevan décadas juntas, al contrario: es un indicio de que son una pareja extraordinaria y que se han puesto como prioridad. Probablemente están más conscientes de que hay que ponerle ganas a la relación todos los días.

Como dato interesante, en un estudio realizado por la doctora Fisher, se encontró que hay parejas (aunque una minoría) que se mantienen enamoradas por más de 10 y 20 años. En estas parejas se sigue activando el área segmental ventral, que es la que se enciende cuando estamos enamorados. En lo personal, creo que este estudio necesita un número mayor de participantes para que la muestra sea representativa y los datos puedan extrapolarse al resto de la población.

Entonces, ¿podemos estar enamorados de la misma persona durante años, hasta que la muerte nos separe? Sí, pero es difícil. Por lo general, la naturaleza de la relación cambia, aunque esto no necesariamente debe verse como algo negativo. Podríamos decir que el enamoramiento o el amor romántico son como las llamas de una fogata: iluminan y deslumbran; los rescoldos de la madera al rojo vivo serían el amor a largo plazo, por apego que no da tanta luz, pero calienta más.

## 💋 ¿Se enamoran las personas mayores?

Si nuestra esperanza de vida pronto superará los 80 años, ¿existe una edad tope para enamorarnos, o podemos seguir enamorándonos de mayores? La respuesta es sí. Por suerte, la capacidad de enamorarnos no tiene fecha de caducidad.

Pero, ¿es el mismo tipo de amor? Según la psicogerontóloga Carmen Aparicio Navarro, el enamoramiento es el mismo;

lo que cambia es la forma de vivirlo, debido a diversos factores relacionados con la edad. Por ejemplo, no es lo mismo experimentar el enamoramiento con la bomba hormonal de la adolescencia (sexo, sexo, sexo) que vivirlo tras años de experiencia en el terreno amoroso (sabiduría, seguridad, intimidad, sexo). El subidón que sentimos cuando estamos enamorados (ese "he perdido la cabeza" que todos hemos oído alguna vez), es muy parecido en todas las edades debido a las descargas químicas en el cerebro.

¿Se trata de un enamoramiento menos intenso? No, simplemente es distinto, debido a las características de uno y otro grupo de edad, tal como afirma la psicogerontóloga.

Por una parte, a los 65 años la vida se ve de otra manera; el aquí y el ahora se vive de forma más intensa, hay menos estrés y presiones laborales o económicas que nos distraigan de la pareja y menos interés en permanecer con una persona que nos conviene frente a una que nos atrae. La pareja está capacitada para tener una relación sexual plena (salvo que existan enfermedades graves o mal controladas).

Respecto a la sexualidad, los niveles de ansiedad de un joven inexperto de 20 años pueden llevarlo al fracaso en la ejecución sexual. En cambio, un hombre de 70 años que ha asumido su lentitud de ejecución sexual, no se agobia y encuentra mayor tiempo para los preliminares, cosa que seguramente agradecerán las mujeres.

Además, para aquellas personas mayores con problemas de desempeño sexual, como falta de lubricación o disfunción eréctil, existen opciones terapéuticas que dejaron de ser tabú. Así como nos teñimos las canas, ¿por qué no darle una ayudadita al sexo si el médico lo recomienda? Lo cierto es que muchas mujeres mayores tienen relaciones sexuales más satisfactorias, gracias a que su pareja no se centra únicamente en el coito y dedica más tiempo a los preliminares.

Las diferencias individuales son muy importantes, e influyen más que la edad a la hora de vivir un enamoramiento.

Aquí impera el dicho de "genio y figura hasta la sepultura". A nivel puramente sexual, una persona que no es muy activa a los 20, 30 ó 60 años, tampoco lo será a los 80. Y una persona muy entusiasta en todo lo que hace, probablemente lo siga siendo durante toda su vida.

Así como conviene mantener un cerebro activo para prevenir el deterioro de las capacidades mentales, si mantenemos una sexualidad activa evitaremos, en gran medida, el deterioro de la capacidad sexual en la edad adulta.

Las circunstancias sociales que rodean a cada edad, también influyen a la hora del enamoramiento. Muchas personas mayores están aisladas, y la soledad física es uno de los problemas más importantes. Si podemos y queremos enamorarnos, pero hemos perdido nuestra red social por distintos motivos, la tenemos muy difícil. Queremos tocar, acariciar, mirar, tener sexo... pero, ¿con quién? Hay muchas parejas que no se dan cuenta del peligro a largo plazo que representa aislarse, no conservar las amistades o evitar fomentar nuevas. En caso de viudez, la persona queda absolutamente aislada. Si los jóvenes estuvieran en la misma situación de aislamiento, probablemente se enamorarían menos.

En mi opinión, la sociedad dificulta el proceso de enamoramiento entre los mayores de 65 años, simplemente porque exalta de una forma exagerada la importancia de ser joven para formar parte del juego del amor y la seducción. Los medios de comunicación muestran jóvenes que se enamoran con el aroma de un perfume, películas de jóvenes con cuerpos firmes que se aman locamente. Hollywood no ayuda con esos modelos de amor. Steven Spielberg tendría que pensar en hacer una *love story* entre personas mayores; eso ayudaría –más que cualquier manual de psicología– a que los mayores no autosabotearan su oportunidad de volverse a enamorar.

Los 40 son los nuevos 30, pero aquí lo importante no es retrasar nuestra edad una década, sino darse la oportunidad de enamorarse a cualquier edad.

*No intentes olvidar al que amaste,
consigue que su recuerdo no duela.*
Silvia Olmedo

# Capítulo 2

## Manual
## de emergencias
## para el Amor

# Los problemas en la pareja:
## ¿tenemos más rupturas que antes?

**H**oy en día todo el mundo se lamenta de que el amor y la pareja duran cada vez menos. Es verdad. Las relaciones de pareja duran menos y el número de rupturas amorosas es mayor, pero también las relaciones son más honestas que antes, están más unidas por lazos emocionales y si estos ya no funcionan es más probable que se rompa la relación.

Ahora, tendemos a formar una pareja con alguien que amamos de verdad; una mayor proporción de parejas se casa porque están enamoradas, sin existir intereses económicos o religiosos de por medio. Por otra parte, toleramos menos la infidelidad; hasta hace pocos años, tener una "querida" era algo que ocurría frecuentemente entre los hombres. Muchos tenían, además de esposa una "querida" a la que, incluso, le ponían casa. Las esposas tenían que soportarlo, no tenían opción. Si a esto sumamos que actualmente tanto ellos como ellas tienen más oportunidades de conocer otras personas por las que pueden llegar a sentir atracción, llegamos a la conclusión de que mantener una relación de pareja es más difícil de lo que se piensa.

♀

Por otra parte, hay parejas que no lo intentan lo suficiente, abandonan el barco cuando éste empieza a zozobrar. No hacen el esfuerzo por ponerlo a flote y no le dan la oportunidad a una relación que podría funcionar. A veces, pequeños problemas de comunicación, ideas preconcebidas sobre una relación, problemas de inseguridad o aspectos más graves como un trastorno mental o situaciones que no tienen nada que ver con la pareja pueden hacer que ésta no se dé una oportunidad.

La sabiduria radica en determinar qué aspectos de la relación son modificables para trabajar en ellos en el mejor de los casos o qué aspectos son imposibles de cambiar, e incompatibles con tu felicidad para tomar la decisión de acabar con esa relación.

## 👄 ¿Cómo afecta el entorno nuestra relación de pareja?

Desgraciadamente no podemos vivir en una realidad ideal con nuestra pareja. El entorno y las circustancias que lo rodean puede acelerar el desgate de la relación. El estrés, las largas jornadas de trabajo, el no alcanzar todas las expectativas que nos piden en el trabajo y las presiones económicas impactan negativamente en la pareja. Cualquier pequeño conflicto se convierte en un detonante para liberar nuestras frustraciones en la pareja. Sin embargo, podemos aplicar ciertas medidas preventivas que van a impactar positivamente en la relación; me refiero a controlar los niveles de estrés en nuestra vida, reducir el número de tareas u obligaciones y darnos más horas de sueño. Estas actividades harán que seamos más tolerantes, estemos menos irritables y no reaccionemos de manera desproporcianada a un determinado conflicto.

Los distintos estilos comunicativos entre ambos sexos también pueden complicar las cosas. Como ejemplo, el tema eterno de la ayuda que recibe la mujer en las actividades del hogar: la mujer interpreta que el hombre no la ama lo suficiente "porque no la ayuda en la casa", mientras que el hombre interpreta ese no parar de limpiar como: "¿Qué necesidad tiene de hacer cosas que no son tan importantes y no dedicarme más tiempo a mí?"

Más allá de que una pareja se ame, hay que identificar las situaciones que día a día golpean la relación hasta derribarla y los aspectos ajenos a ambos que pueden influir también en que termine la relación.

---

### ASPECTOS EXTERNOS A LA PAREJA QUE IMPACTAN EN LA RELACIÓN

💙 Estrés relacionado con trabajo/estudios.

💙 Problemas económicos y laborales.

💙 Baja autoestima, problemas sexuales, pasado traumático.

💙 Los familiares o amigos se involucran en la relación de pareja.

💙 Padecimiento mental (depresión/ansiedad/fobias).

💙 Diferencias grandes en ideologías o religión.

---

## 👄 Cómo surgen los conflictos de pareja

Cuando empezamos una relación, la idealización que sentimos por nuestra pareja nos hace querer evitar cualquier tipo de confrontación. No le decimos a nuestra pareja que algo nos molesta en parte porque no le damos importancia a las cosas pero también por evitar conflictos. En definitiva, nos negamos a enfrentarnos a ciertas situaciones y a resolver conflictos y sin darnos cuenta estamos generando hábitos y reglas nocivas dentro de la relación que posteriomente se vuelven difíciles de cambiar. Si consideramos la relación como una casa, en los primeros meses, la mayoría de las parejas ya tiene los cimientos dañados.

La mala comunicación, o mejor dicho, la falta de ella, hace que muchas relaciones de pareja no funcionen. Es increíble el poco conocimiento que tenemos de nuestra pareja. Pensamos que la conocemos basándonos en nuestras creencias y analizamos su comportamiento, su forma de pensar y de amar a partir de la idea que tenemos de ella. Si de verdad nos pusiéramos en el lugar de la otra persona no existirían muchos conflictos, se trata de pensar en cómo reaccionaríamos nosotros si sintiéramos y analizáramos la realidad como nuestra pareja. En ocasiones, las ideas erróneas sobre las relaciones de pareja, los roles de género, el amor, el sexo, la religión o la cultura impiden que crezca una pareja. Por otra parte, ser asertivo no significa ser agresivo; hablar de tus necesidades no implica que ames menos o que quieras imponer tus necesidades sobre las de tu pareja, simplemente estás estableciendo reglas dentro de la relación que harán que fluya mejor.

## 💋 Hombres y mujeres: los problemas de comunicación

En las últimas décadas, gracias a las nuevas tecnologías, se ha demostrado que existen diferencias entre el cerebro del hombre y de la mujer que explican, en parte, las causas por las que reaccionamos, sentimos y analizamos de manera distinta un acontecimiento. No sólo es distinta la parte del cerebro relacionada con la obtención del sexo (esta zona es 2.1 veces más grande en el hombre), aspectos como las emociones, la forma de analizar el lenguaje y vivir los distintos acontecimientos, varían mucho entre hombres y mujeres. Esto no quiere decir que todas las diferencias tengan que ver con una base biológica. El aprendizaje, la forma en que nos trataron y educaron desde niños por ser del sexo masculino o femenino, estructuran nuestra mente y nuestras emociones de manera distinta.

Hay varias cosas que sería recomendable tomar en cuenta al hablar con nuestra pareja, me refiero a los diferentes estilos de comunicación. El hombre tiende a ser asertivo sabe comunicar bien sus necesidades, pero le cuesta trabajo ponerse en el lugar del otro. Se centra más en la información y en proponer soluciones para ese problema específico, no piensa en lo que su pareja "quiso comunicar" sino en la información exacta que ésta comunica. Tienen menor capacidad para interpretar los sentimientos de los demás y comunicar los suyos propios. Un claro ejemplo es cuando el hombre llega tarde del trabajo a casa y le pregunta a su seria pareja: "¿Te pasa algo?" Ella responde: "No", pero realmente está pensado, "si no sabe lo enfadada que estoy es porque no le importa la relación". El piensa: "No está enfadada pero ha tenido un mal día".

La mujer es más empática, tiende a ponerse más en el lugar del otro e intenta leer sus sentimientos. Muchos explican esto por el hecho de tener la mujer hijos que dependen totalmente de ella para comunicar todas sus necesidades, lo que hace que las madres desarrollen gran facilidad para averiguar las necesidades del recién nacido, pero también las de otras personas. Hay psicólogos que se refieren a esta capacidad como "el sexto sentido".

La facilidad que tienen muchos para detectar lo que otros están sintiendo puede crear mayores conflictos en la comunicación ya que asumen que su pareja tiene esa misma capacidad. Cuando una mujer quiere comunicarle algo a su pareja debe decírselo; esperar a que él lo intuya es peligroso. Hay que evitar interpretaciones como: "Si me amara, se habría acordado" o "me dio el mismo regalo que el año pasado, no le importo nada". Esto no significa que tu pareja no te quiera, significa que no tiene tanta facilidad como las mujeres para fijarse en pequeños detalles e intuir lo que estás pensando y sintiendo. En una encuesta hecha a más de 200 hombres, el 60 por ciento de ellos confesó regalar lo mismo que el año anterior porque sabían que ese regalo había gustado a su pareja. El miedo a equivocarse los hacía inclinarse por el mismo tipo de regalo o por una pequeña variante año tras año.

Hay mujeres que se quejan porque sus parejas no tienen detalles con ellas, uno de los comentarios más mencionados es que olvidan celebrar su aniversario o una fecha especial. Lo cierto es que se ahorrarían muchos disgustos con la pareja si se deciden a ser más asertivas. Si eres mujer y tu pareja no es detallista y te hace ilusión celebrar el día de tu aniversario, dile lo mucho que significa para ti. Dale opciones de los sitios a donde te gustaría ir y de lo que te gustaría que te regalara. Si le ofreces varias opciones mantendrás la sorpresa y evitarás que repita el regalo al mismo tiempo que él no se siente indefenso al pensar qué te puede comprar. No será como de telenovela y tendrás que darle algunas instrucciones pero recuerda que no es que los hombres no quieran tener detalles, simplemente ocurre que muchos no saben cómo hacerlo. Muéstraselo a tu pareja desde el principio.

Todavía a los hombres, por razones culturales y de educación, no se les permite, o está mal visto, mostrar o hablar de sus sentimientos. Esto no quiere decir que los hombres no tengan sentimientos sino que tienen formas alternativas de manifestarlos. Muchos lo hacen solucionando problemas, arreglan cosas de la casa o realizan actividades manuales para su pareja. Lamentablemente hay mujeres que no interpretan estos actos como muestras de amor y los pasan por alto. Si tu

# DIFERENCIAS COMUNICATIVAS ENTRE HOMBRES Y MUJERES

## ASERTIVOS

(Facilidad de comunicar sus necesidades)

- CENTRADOS EN SOLUCIONES
- CENTRADOS EN EL PRESENTE
- DIFICULTAD PARA MOSTRAR SUS SENTIMIENTOS
- MUESTRAN SU CARIÑO DE FORMAS ALTERNATIVAS (arreglando problemas/cosas)

## EMPÁTICAS

(Reconocen necesidades/sentimientos)

- CENTRADAS EN QUE ENTIENDAN SUS SENTIMIENTOS
- ENFOCADAS EN LO QUE PUEDE PASAR EN EL FUTURO
- DIFICULTAD DE PONERSE ELLAS PRIMERO
- HABLAN DEL CARIÑO QUE SIENTEN

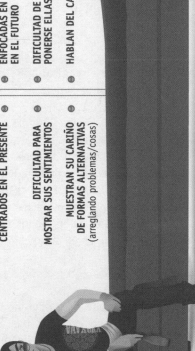

Silvia Olmedo®

pareja hace algo por ti –como arreglar algo de la casa o el coche– tómalo como una muestra de amor. Y de la misma manera
que a ti te gusta que te digan: "¡Qué plato tan maravilloso
cocinaste!", agradece a tu pareja sus gestos de amor. Debemos entender que cada persona tiene una manera distinta de
demostrar su cariño y siendo asertivos al comunicar claramente nuestras necesidades, podremos conseguir que nuestra
pareja nos muestre cariño de la manera que lo necesitamos en
el momento en que lo necesitamos.

## ¿Cómo resolver un conflicto con tu pareja?

Un problema o un conflicto con tu pareja no se debe percibir como una crisis o una situación que ponga en peligro
la relación. Por el contrario, se debe interpretar como una
situación que, si se supera de forma adecuada, puede fortalecer la relación.

Primero: busca el momento adecuado para resolverlo.
Si eres mujer, ponerte delante de él cuando está viendo su
partido o programa favorito y decirle que tienen que hablar,
sólo le hará enfadarse. En el caso de los hombres, si quieres
hablar con tu pareja, evita hacerlo cuando ella está tensa,
atareada u ocupada. En ambos casos, tiene que ser un momento en el que estén solos, sin niños, familiares o amigos.

Segundo: debes estar emocionalmente estable o en un
estado neutro.
Es importante que hayas dormido bien, cuando no lo haces
te vuelves mucho más irritable. Si empiezas una conversación con estrés, frustración y cansancio, tus emociones pueden ser más rápidas que tus argumentos y herir a tu pareja.

Tercero: prepara la reunión.
Si eres de caracter emocional, ordena tus ideas antes de hablar (incluso puedes escribirlas). Identifica cuál es el problema, distingue lo vital de lo importante, trata de preparar la explicación de cómo te está impactando a ti y cómo está impactando en la relación de pareja. Por último, una vez escuchados sus argumentos, plantea qué alternativas tienes para solucionarlo.

Cuarto: céntrate en un problema específico.
Una vez que definas el problema, céntrate en él y no en otros que te vengan a la cabeza. Hay gente que recuerda para siempre un acontecimiento negativo en su relación –su memoria histórica se vuelve memoria histérica– y le echa en cara a su pareja ese acontecimiento tráumatico constantemente, aunque no tenga nada que ver con el conflicto que se está tratando de resolver. Esto hace que muchas parejas eviten tener una conversación ya que piensan que, otra vez, les van a reprochar el mismo acontecimiento.

Quinto: escucha lo que tenga que decir tu pareja y, sobre todo, no sientas la necesidad de resolver el problema en ese momento.
En muchos casos, tu pareja puede descubrir algo que ya llevaba tiempo en la relación y necesita tiempo para digerirlo. Pregúntale detalles, escucha activamente a la pareja, no estés a la defensiva, no se trata de buscar un culpable sino de resolver un conflicto. Por otra parte, no des inmediatamente una respuesta, ofrécele una retroalimentación de todo lo que ha dicho para estar seguro de que lo que entendiste es el problema exacto del que habla tu pareja. Muchos de los problemas que tienen las mujeres en sus relaciones radican en la falta de reconocimiento por parte de su pareja, se sienten devaluadas en la relación, esto les crea una gran desmotivación. Un reconocimiento, un gracias y un abrazo pueden resolver muchos conflictos.

Sexto: propón soluciones o alternativas en las que ambos estén de acuerdo.

Enfatiza una vez más las soluciones que tú propones, pero recuerda que no necesariamente tienen que arreglar el problema o elegir una solución en ese momento, aunque sí sería conveniente establecer un plazo de tiempo para empezar a ver una mejora del conflicto.

Séptimo: Acaba la reunión con muestras de afecto.

Es importante abrazarse, besarse, mostrar cariño, sobre todo asegurarse de que los dos están unidos y que quieren salir adelante. En última instancia, si el conflicto es grande o no se puede resolver, ir a una terapia de pareja puede ser de gran ayuda.

---

### PASOS PARA RESOLVER UN CONFLICTO CON TU PAREJA

1. Busca el momento o el lugar adecuado.
2. Debe haber una situación emocional neutral.
3. Prepárate antes de la reunión (establece los objetivos y la importancia).
4. Céntrate en el conflicto que quieres resolver; no trates de resolverlos todos.
5. Escucha y deja hablar. Deja claro que ambos han entendido el conflicto.
6. Propón alternativas y soluciones, pero no tomes ninguna decisión si hay aspectos que no están claros.
7. Acaba la reunión con muestras de afecto.

# La infidelidad

**H**ay muchas maneras de definir la fidelidad. Para la mayoría de las personas, la fidelidad es un acuerdo de lealtad con la pareja, las reglas que van a seguir en su relación. En muchos casos, un encuentro sexual se percibe como una infidelidad y puede ser causa de ruptura en la pareja. Sin embargo, la infidelidad va a depender de lo que se haya acordado en pareja. Por ejemplo, el que tu pareja converse a través de internet con un desconocido mientras tú estás esperando en la cama, ¿es infidelidad? Si tu pareja hubiera estado a punto de tener una relación sexual con otra persona y él o ella lo hubiera rechazado, ¿cuenta como una infidelidad aunque no haya pasado nada?

Al comienzo de la relación, es importante definir qué es la infidelidad para cada parte. Algunas personas consideran un encuentro tipo cena –sin velas– como una infidelidad, y otras no creen que una relación sexual casual lo sea. Las relaciones cibernéticas o encuentros en el chat se están convirtiendo en una causa importante de conflictos. Cada vez son más las personas que empiezan una relación a través de internet. Cuando le comenté este hecho a la doctora Fisher, ella estuvo de

♀

acuerdo en que se trataba de una experiencia real, y afirmó que se están dando primeros acercamientos e incluso enamoramientos a través de internet, pero que los encuentros en persona siguen siendo la prueba de fuego, y muchos de ellos son decepcionantes. Si después de un conflicto con tu pareja te metes a internet en busca de alguien que te escuche, en vez de resolver el conflicto con él o ella, probablemente te distancies aún más.

## 💋 ¿Por qué somos infieles?

Hay muchas razones por las que la gente es infiel. Algunos quieren llenar un hueco que tienen con su pareja, otros quieren satisfacer un impulso sexual, otros tienen una necesidad de afecto, aventura o de romper la rutina, o simplemente quieren sentirse deseados otra vez.

Durante la fase de amor romántico o enamoramiento, es más difícil que alguien sea infiel, pues se trata de una fase de amor obsesivo, casi adictivo. Las infidelidades suceden más cuando la pareja está en fase de apego. Es muy probable que todos estemos expuestos a una situación de vulnerabilidad en la vida, y podemos llegar a ser infieles, pero nadie nos fuerza a serlo. La última decisión la tomamos nosotros.

## 💋 ¿Somos cada vez más infieles?

No hay datos contundentes sobre si somos más infieles o no que antes (es un experiencia que muchos prefieren no confesar). Lo que sí está claro es que las mujeres parecen ser más infieles que hace cincuenta años. Hasta hace poco, la infidelidad en el hombre era aceptada socialmente. El hecho de que un hombre fuera infiel era algo normal, incluso era típico entre las clases acomodadas tener a la esposa y a la "querida". Antes, las mujeres tenían mucho más que perder. Las consecuencias iban desde un embarazo –no había métodos anticonceptivos– hasta que las expulsaran de su casa al ser descubiertas, les quitaran el derecho a sus hijos, las abandonaran con ellos o las mataran. Con la independencia económica de las mujeres y los anticonceptivos, las consecuencias de una infidelidad femenina han dejado de ser tan negativas.

## 👄 ¿Son iguales todas las infidelidades?

La respuesta es no, meter a todas las infidelidades en un mismo saco o evaluarlas de la misma manera es erróneo. Existe un tipo de infidelidad no planeada, también llamada circunstancial o contingencial, en donde la persona que es infiel no está pensando en alguien especial, y en muchos casos se deja llevar por las circunstancias de un preciso momento o las contingencias externas. En el caso de los hombres, el alcohol y la presión de otros hombres pueden hacerlos caer fácilmente en una relación sexual casual. La presión grupal juega un papel importante entre los hombres, el hecho de que todos hayan tenido una infidelidad les garantiza el silencio entre ellos; pueden ser infieles sin que nadie del grupo se atreva a decir nada.

Entre las parejas de hombres homosexuales, una relación sexual extramarital es más tolerable. Para ellos es más fácil entender que puede tratarse únicamente de satisfacer un deseo sexual casual, y no rompe ningún vínculo emocional con su pareja.

# COMO PREVENIR
## UNA INFIDELIDAD CIRCUNSTANCIAL

Identifica situaciones de vulnerabilidad
y el punto de pérdida de control (o no retorno)

- Discotecas y antros
- *Table dance*
- Despedida de solteros
- Drogas
- Personas que te atraen mucho
- Situaciones de vulnerabilidad
  (discutes con tu pareja
  y decides salir)
- Evita intimar con
  alguien que te gusta

Silvia Olmedo®

Las mujeres cada vez se involucran más en relaciones extra-maritales, en parte porque conocen mejor sus necesidades sexuales, las quieren satisfacer y además tienen menos que perder. Pueden controlar si se embarazan o no, y en el caso de ruptura con hijos las consecuencias son menos negativas por la mayor tendencia a ser económicamente independientes.

El tipo de infidelidad más difícil de perdonar es aquella en la que existe una vinculación emocional. Además de un encuentro sexual, se establece una complicidad con el aman-te, hay un intercambio de intimidades y normalmente esto provoca un mayor distanciamiento de la pareja. Este tipo de infidelidades es más común entre las mujeres.

## 💋 ¿Quiénes son más infieles, los hombres o las mujeres?

La gran mayoría de los estudios científicos y datos que te-nemos, establecen que el hombre es más infiel. Según la doctora Bizedine, el hombre tiende a pensar más en el sexo que la mujer. Esto tiene una explicación biológica, ya que la parte del cerebro masculino correspondiente a la obtención de sexo es 2.1 veces más grande que la femenina. Si bien es cierto que los hombres piensan más en el sexo que las mu-jeres, en el mundo de la naturaleza hay machos que pueden llegar a morir sin haber tenido nunca relaciones sexuales. La supervivencia frente a otros depredadores, la lucha contra otros machos y, finalmente, la selección por parte de las hembras, hace mucho más difícil tener un encuentro sexual.

Por otra parte, un estudio realizado por el Instituto Karo-linska, en Suecia, descubrió que aquellos hombres que tenían el gen alelo 334 tendían a ser más infieles que aquellos que no lo tenían. A este tipo de hombres no sólo les cuesta ser más fieles, sino que también suelen dejar sin finalizar muchas tareas y responsabilidades. En resumen, no sólo les era difícil comprometerse con su pareja, sino también adquirir otro tipo de compromisos. Lo interesante de este tema es que las mujeres que eran parejas de hombres con tendencia a ser infieles, al sentir más descuidada la relación estaban más insatisfechas y también tenían mayor tendencia a ser infieles.

Hasta hace poco, la gran mayoría de los estudios científicos eran realizados por hombres; ellos buscaban ejemplos que confirmaran el deseo incontrolable de los hombres hacia el sexo opuesto justificando de esa manera su mayor tendencia natural a la infidelidad. La gran mayoría hablaban de los orangutanes y de otros animales que justificaban la teoría del harén: o sea, que la hembra era fiel por naturaleza a un solo macho y no tenía impulsos sexuales tan fuertes como los de éste.

Más allá de que hay muchos ejemplos de hembras muy promiscuas, no estoy a favor de comparar en todo a la mujer con otras especies animales, principalmente porque nos hemos alejado mucho del estado de naturaleza que conservan esas especies. El aspecto más significativo de este distanciamiento es que las mujeres estamos constantemente en celo, eso quiere decir que estamos receptivas a tener relaciones sexuales durante todo el año. Este hecho es de vital importancia para entender la conducta sexual de las mujeres, pues la gran mayoría de las hembras tienen etapas en las que están sexualmente receptivas por encontrarse en celo. Al finalizar esa etapa, ni los machos se sienten atraídos hacia ellas, ni ellas hacia los machos. En el caso de las mujeres, estamos en celo constante y eso nos hace tener una sexualidad muy distinta al resto de las hembras.

Por otra parte, la ciencia siempre ha sido muy selectiva en cuanto a los ejemplos que elige para justificar el apetito sexual de los hombres. Las hembras chimpancés, como ya dije, tienen un apetito sexual extraordinario; pueden tener relaciones con más de ocho machos consecutivamente. Pero no se trata de un caso aislado: la poliandria también se da en insectos –como muchos tipos de moscas– y en otros mamíferos. La conclusión más contundente es que los padres de las crías que nacen más inmaduras, son los que tienden a mantener lazos de fidelidad más largos. En el caso del hombre primitivo, no sólo era cuestión de impregnar a más mujeres con su esperma, sino de garantizar que sobreviviera una cría. En ese aspecto, la fidelidad, al menos por un tiempo, garantizaba la supervivencia de la descendencia.

Podríamos decir que somos monógamos imperfectos. Más allá de que hagamos un acuerdo de lealtad con nuestra pareja, en la sociedad actual las tentaciones son constantes tanto para hombres como para mujeres y depende de nosotros, de nuestro autocontrol, romper o no ese acuerdo.

El hecho de que una persona tenga tendencia a engordar no significa necesariamente que vaya a ser gorda, es probable que al estar más consciente de su situación, pueda controlar mejor sus hábitos alimentarios. De igual manera, si tienes una relación de pareja y sabes que la puedes poner en riesgo por no controlar tus impulsos, te conviene identificar el punto de no retorno, aquél en el que puedes llegar a perder el control.

## ¿Perdonar o no perdonar? ¿Puede seguir una relación tras una infidelidad?

Depende de muchas cosas: el tipo de relación que tengas con tu pareja, las cosas que te unan a ella, el tipo y duración de la infidelidad, y tu capacidad de perdonar. Son muchos aspectos que considerar. En ocasiones, tomar una decisión repentina puede ser erróneo.

Los hombres perdonan menos una infidelidad que las mujeres en parte porque más allá de que sigan amando a su pareja y ésta se sienta completamente arrepentida, se trata de una afrenta a su masculinidad. Un hombre traicionado se siente disminuido, no sólo ante él mismo, sino ante otros hombres. La sociedad censura mucho más la infidelidad femenina que la masculina, considera un acto de mayor gravedad el hecho de que la mujer sea infiel, aunque la infidelidad sea no planeada y completamente circunstancial.

## 💋 Aspectos que impactan en perdonar una infidelidad

Si bien puede haber gente que nunca perdone una infidelidad, hay aspectos que se tienen en cuenta en el momento de perdonarla o no.

Si es la primera vez o si ya han sido varias, probablemente tu pareja ya no te dará otra oportunidad. Cuanto más cercana sea la persona con la que tu pareja te ha sido infiel, más difícil será perdonarla. Al enfrentarte diariamente a la persona que tuvo una relación íntima con tu pareja, reavivarás el dolor y sentirás la traición de ese familiar o ese amigo con el que tuvo la relación.

Cuando se tienen serias sospechas sobre la pareja, es posible que te trate como si estuvieras loco, te desacredita o incluso te haga dudar de ti mismo con tal de encubrir su infidelidad. Si al final acabamos descubriéndola, nos costará mucho más trabajo perdonar que en el caso de una confesión, pues ésta suele implicar arrepentimiento. Si descubrimos la infidelidad, nos sentimos doblemente engañados.

Las consecuencias de esa infidelidad también juegan un papel importante a la hora de perdonar. A veces, una infidelidad puramente contingencial o circunstancial de carácter sexual tiene grandes repercusiones, como provocar un embarazo o el contagio (a ti o a tu pareja) de una enfermedad de transmisión sexual. Un encuentro que significó poco o nada

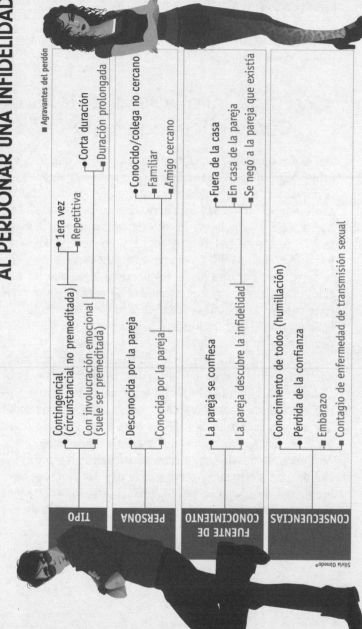

# ASPECTOS QUE AFECTAN AL PERDONAR UNA INFIDELIDAD

■ Agravantes del perdón

**TIPO**
- Contingencial (circunstancial no premeditada)
  - 1era vez
  - ■ Repetitiva
- Con involucración emocional (suele ser premeditada)
  - Corta duración
  - ■ Duración prolongada

**PERSONA**
- Desconocida por la pareja
- Conocida por la pareja
  - Conocido/colega no cercano
  - Familiar
  - ■ Amigo cercano

**FUENTE DE CONOCIMIENTO**
- La pareja se confiesa
- La pareja descubre la infidelidad
  - Fuera de la casa
  - ■ En casa de la pareja
  - ■ Se negó a la pareja que existía

**CONSECUENCIAS**
- Conocimiento de todos (humillación)
- Pérdida de la confianza
- Embarazo
- Contagio de enfermedad de transmisión sexual

Silvia Olmedo®

puede tener repercusiones radicales en la relación de pareja y en la salud de ambos.

## 👄 ¿Fuiste infiel y te arrepientes? ¿Cómo hacer que te perdone?

Tienes dos opciones, nunca confesar a tu pareja que le fuiste infiel y arriesgarte a que se acabe enterando aumentando así la probabilidad de que no vuelva contigo o, por el contrario, confesarle tu infidelidad lo cual no elimina la posibilidad de que te deje. Mucha gente necesita confesar una infidelidad porque se siente mal o arrepentida y no pueden vivir sin hablarlo con su pareja y no simplemente porque teman que la descubran. Por otra parte, las personas a las que les han sido infiel tienen mayor probabilidad de perdonar a sus parejas si la pareja confiesa la infidelidad y se arrepiente. Sin embargo, si decides decirle a tu pareja que le has sido infiel debes tener en cuenta que quizá no te perdone.

Si buscas que tu pareja te perdone, busca un momento adecuado, explícale en qué situación te encontrabas emocionalmente, cómo te sentías en el momento en el que ocurrió y prepárate para la reacción de tu pareja. Hay personas que quieren todo tipo de explicaciones y hay personas cuyo enojo es mayor y lo único que desean es descargar su ira. Ante todo, tienes que dejar claro tu arrepentimiento y el hecho de que, a raíz de este evento, te has dado cuenta de lo mucho que amas a tu pareja. Si él o ella se quiere ir o te pide tiempo, dáselo y después reúnanse para hablar del tema.

# SI DECIDES DEJAR LA RELACIÓN...

- No te culpes ni le sigas dando vueltas

- No tengas odio, perdona

- No generalices:
  "Todos los hombres/mujeres son iguales",
  "no se puede confiar en nadie".

- No pienses que te va a volver a pasar

- No estés recordándoselo a futuras parejas

- Evita seguir a tus parejas y ejercer el control
  para evitar otra infidelidad

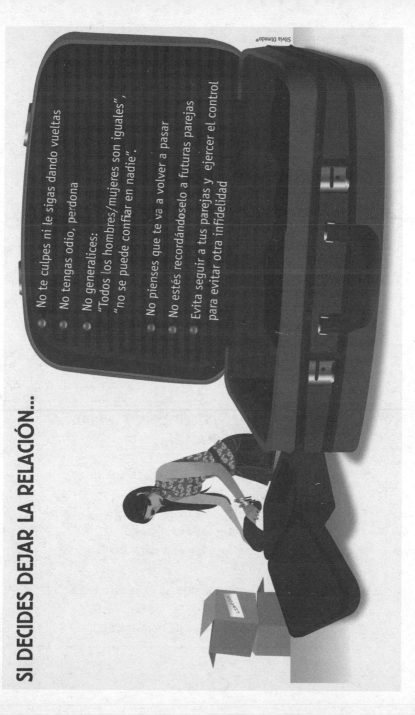

Silvia Olmedo®

# ¿Qué hacer si te han sido infiel?

Analiza el tipo de infidelidad y valora cuánto amas a esa persona. Si deseas explicaciones, pide todas las que necesites y, de ser necesario, tómate un tiempo lejos de tu pareja. En caso de que decidas perdonarla pueden reunirse, puedes volver a pedirle toda clase de detalles sobre el tipo de situación que le llevó a esa decisión/relación, por qué cree que no se va a repetir y qué está dispuesto a hacer para que no vuelva a pasar. En estos casos ayuda ir a una terapia de pareja ya que se habla de aquellos vacíos o aspectos que no funcionan en la relación. Es un proceso doloroso, pero pueden salir muchas cosas buenas. Si decides perdonar, es vital que pases la página de ese capítulo de la relación, no debes volver a recordar esa infidelidad cada vez que tengas un conflicto. Acepta los aspectos positivos, lo que has aprendido y empieza un nuevo capítulo en tu vida de pareja.

---

### TE FUERON INFIEL Y DECIDES CONTINUAR LA RELACIÓN

- ♥ Tómate tu tiempo, incluso considera separarte de tu pareja hasta tomar la decisión.
- ♥ Habla sobre lo que pasó, pide todos los detalles y no vuelvas al tema cada vez que haya un discusión.
- ♥ Plantéate si de verdad puedes perdonar.
- ♥ No te hagas la víctima.
- ♥ Saca cosas positivas de esa situación que fortalezcan a la pareja.
- ♥ Piensa que es una nueva etapa de tu relación.

---

# Si te ha sido infiel, ¿lo volverá a ser?

No necesariamente; depende mucho de la persona. No perdonar una infidelidad por miedo a que te vuelva a ser infiel, no debe ser una excusa para no regresar con tu pareja si la amas ya que muchas parejas no lo vuelven a hacer. Por otra parte, si te es imposible perdonar y vuelves con tu pareja porque la necesitas y no puedes vivir sin ella, inconscientemente no vas a hacer todo lo posible por volver con ella, sino que vas a buscar desenamorarte y dejar de necesitarla.

# Cómo decirle
## que ya no lo amas

**D**ejar a tu pareja puede ser una de las situaciones más difíciles en la vida de una persona. El hecho de que alguien te ame con locura y tú simplemente le tengas cariño o no le ames lo suficiente para continuar la relación como pareja, te pone en una situación muy difícil. Lo cierto es que retrasar una decisión, que ya has tomado internamente, por no lastimar a una persona, te daña a ti y puede causarle un dolor irreparable a quien todavía es tu pareja.

*Porque tu pelo ya no me enreda*
*Porque tu piel ya no me quema*
*Porque tus manos no me encadenan*
*Porque tu boca no me envenena*
*Porque tus ojos ya no me hielan*
*Porque tu cuerpo no es mi condena*
*Porque ahora siento que ya no te quiero.*

*Iván Guevara*

♀

Muchas personas que no aman a su pareja o no la aman lo suficiente, en lugar de comunicárselo abiertamente, buscan que ésta los deje. Por cobardía, tratan de conseguir que su pareja llegue a enfadarse o frustrarse tanto que acabe tirando la toalla. Esta situación es lamentable porque acaba dañando el recuerdo de los buenos momentos que hubo como pareja. Si todavía quieres a esa persona, entonces no hagas que se sienta mal, no provoques el conflicto para justificarte y no sentirte culpable. Si todavía quieres un poco a esa persona, debes comunicarle que ya no quieres seguir con la relación. En la vida hay situaciones dolorosas y difíciles pero no enfrentarse a ellas puede hacerlas aún más dolorosas.

En la mayoría de las situaciones, una vez que rompes con tu pareja debes evitar los encuentros, al menos en un principio ya que puedes volver a despertar la esperanza en ella. Si llamas a tu ex pareja cuando ella está en el proceso de aceptación y reorganización de su vida, le vuelves a dar una esperanza. El proceso mental que sigue tu ex cuando fomentas un encuentro es el siguiente: "Me llamó, entonces le importo", "si le importo, puedo intentar recuperarlo". Para evitar hacerle daño, evita cualquier tipo de encuentro.

Evita llamar por teléfono a tu ex pareja cuando te sientas solo. Es una situación por la que también pasa y sufre quien deja. Si te sientes solo, llama a un amigo, pero no busques consuelo en tu ex pareja. Es probable que si lo haces te sientas mejor pero para tu ex pareja habrá supuesto una recaída en el proceso de recuperación.

# FASES QUE PASA
# QUIEN VA A DEJAR UNA RELACIÓN

LAS COSAS
NO VAN BIEN → SUFRIMIENTO,
ANSIEDAD,
CULPA... → SE LO COMUNICAS A
LA PAREJA → TRISTEZA / ALIVIO → REORGANIZACIÓN,
SATISFACCIÓN

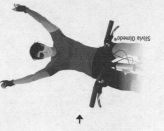

Silvia Olmedo®

EN ESTE PUNTO TE DAS CUENTA
DE QUE NO AMAS LO SUFICIENTE

# Cómo superar
## una ruptura amorosa

**L**a gran mayoría de las personas nos enfrentaremos alguna vez en la vida a una ruptura amorosa en la cual seremos nosotros a quienes dejen. Una ruptura amorosa es seguida de un proceso de duelo del mismo modo que en el caso de la muerte de un ser querido. La gran diferencia es que cuando alguien se muere no vuelves a verlo y menos con otra persona. Cuando te deja tu pareja, tu vida pasada se termina, de la noche a la mañana pierdes tus objetivos, lo que te motivaba. Es un proceso muy doloroso que, si no se supera bien, puede llegar incluso a causar depresión.

Lo que voy a comentar a continuación no va a quitar el dolor de la persona que está sufriendo una ruptura amorosa, pero probablemente hará que dure menos. Todos sabemos qué hacer cuando tenemos una herida, hay que limpiarla y desinfectarla aunque duela más; después poco a poco va cicatrizando hasta que ya no nos duele. Pero si el proceso de curación de la herida no se hace de manera adecuada ésta puede llegar a gangrenarse. Algo parecido pasa cuando hacemos de una ruptura un proceso más traumatico de lo que ya es. Si supiéramos cómo funciona el proceso de duelo en la ruptura con la pareja nos costaría menos reponernos y, sobre todo, le daríamos más oportunidades a otras relaciones. Hay gente que decide no darle otra oportunidad a una nueva pareja con el fin de evitar volver a pasar por el mismo proceso de duelo o por haber quedado estancados en la pérdida de ese amor de hace años.

Las fases por las que se pasan tras la ruptura amorosa son: incredulidad, aceptación y tristeza extrema, desorganización, reorganización y estado de satisfacción y bienestar.

# FASES TRAS LA RUPTURA AMOROSA

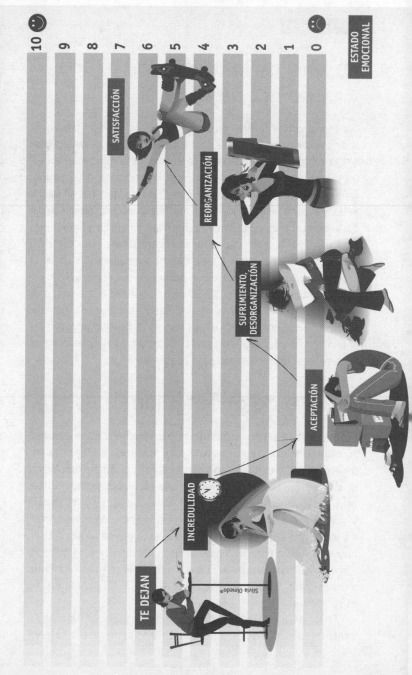

ESTADO EMOCIONAL

TE DEJAN

INCREDULIDAD

ACEPTACIÓN

SUFRIMIENTO, DESORGANIZACIÓN

REORGANIZACIÓN

SATISFACCIÓN

Silvia Olmedo®

# 👄 Fase de incredulidad y no aceptación

Cuando tu pareja te dice que quiere dejar la relación pasas por una fase de incredulidad. En muchos casos, antes de aceptar que la relación se ha acabado, la persona a la que dejan muestra una mayor energía para intentar reconquistar a su pareja. Empieza a hacer todo aquello que "tendría que haber hecho antes", o por el contrario, si ya era buena pareja, puede llegar a una situación de pérdida de la dignidad. Empieza a llamar más a su pareja o busca excusas para encontrársela, en definitiva todavía tiene esperanzas y cree que va a recuperarla si hace lo imposible para ello. En términos químicos, sus niveles de energía son altos, enfocan su atención en recobrar a esa persona. En el momento en que nos damos cuenta de que esa persona no va a volver con nosotros pasamos a la fase de aceptación: la relación ha acabado, mi pareja no me ama o simplemente no me ama lo suficiente como para seguir conmigo.

# 👄 Fase de aceptación

Aceptar que la persona que amas ya no quiere estar contigo, que ya no te ama, es un proceso muy doloroso. De tener "algo" de esperanza a perderla completamente. Es difícil interiorizar la idea de que tu pareja ya no te ama, o lo que es más difícil, no te ama lo suficiente. Esta segunda opción es más común y más difícil de manejar ya que en momentos de inseguridad, no sólo tuyos sino también de tu ex, este puede acudir a ti en busca de cariño haciendo más difícil su olvido. Si esto te pasa, recuerda que tus parejas te tienen que amar al 100 por ciento, tú no te mereces menos, si te aman al 20 o al 30 por ciento, no es suficiente.

En la etapa de aceptación existe un gran sufrimiento y llanto, aunque éste es más común en las mujeres, la sensación de soledad y el sentimiento de dolor es muy profundo, se buscan razones para entender el final de la relación y también culpables. Aquél a quien dejan llega a culparse de tal manera que puede llegar a obsesionarse e impactar negativamente en su autoestima, llegando a pensar que le dejaron por carecer de algo. En ocasiones, el estómago se te cierra y pierdes el apetito, te cuesta trabajo dormir y puedes llegar a perder el total interés por la vida.

*Olvidarte me cuesta tanto,*
*olvidar quince mil encantos es mucha sensatez.*
*Y no sé si seré sensato,*
*lo que sé es que me cuesta un rato hacer cosas sin querer.*

*Mecano*

Llora, desahógate, habla con un amigo o amiga, expresa lo que sientes. Hay terapéutas que recomiendan hacer un entierro simbólico de la ex pareja. Reunir varias de sus cosas y meterlas en una caja o enterrar un objeto simbólico que perteneciera a su pareja con el objetivo de enterrarla de verdad y dejarla ir, asimilando así que esa persona "como pareja, dejó de existir". Date un tiempo. Hay personas que necesitan un mes, otras dos, pero si ya son seis meses en los que no quieres salir, te aislas, sigues llorando constantemente, no duermes o duermes demasiado, no comes bien y dejas de hacer tus rutinas diarias, es posible que tengas un principio de depresión, sería muy conveniente que hablaras con un psicólogo o un psiquiatra.

## 👄 Fase de sufrimiento y desorganización

Tras la aceptación de la pérdida de la pareja, fase en la que ya se ha tocado fondo, sigue otra etapa de sufrimiento ya que debes enfrentarte a la realidad. Tu vida estaba organizada alrededor de tu pareja. Tus amigos, hábitos, costumbres, todo giraba alrededor de ésta. Te sientes fuera de lugar, toda tu realidad está desorganizada. No te apetece salir y cuando lo haces, llegas a la conclusión de que nadie va a sustituir a tu pareja, pensar eso te hace sentir aún peor. Tener relaciones sexuales con otras personas con tal de olvidar a tu pareja puede crearte un vacío mayor al ver que nadie puede llenarlo.

*Procuro alejarme de aquellos lugares donde nos quisimos.*
*Me enredo en amores sin ganas ni fuerzas*
*por ver si te olvido,*
*y llega la noche y de nuevo comprendo que te necesito.*

*Manuel Alejandro*

Es importante que si tenías amigos en común con tu ex pareja les pidas que ya no te hablen de ella. También es conveniente que quites todos aquellos objetos que te recuerden a tu ex, desde las fotos hasta sus regalos. El verlos reaviva su recuerdo y vuelven a poner el dedo en la llaga. Es muy peligroso guardar cualquier prenda suya que guarde su olor. El olor está relacionado con nuestro sistema primitivo de emociones y nos hará reavivar la presencia de la ex pareja, esto nos hace sentir bien y a continuación caer en picada al darnos cuenta que estábamos pensado en una relación que ya no existe. De igual modo, no pongas las canciones que escuchaban cuando estaban juntos, te hacen recordar un momento bonito que tenías con tu pareja pero te hunde cuando te das cuenta de que esa relación ya no existe. Tampoco escuches canciones de amores imposibles, eso es hacerte más daño, escribe una lista de canciones que te den energía o incluso rabia para darte más fuerza en seguir adelante pero que no te hagan sentir pena. Recuerda que tú tomas la decisión de volver a recordar a esa persona y, consecuentemente, de volver a sufrir. En muchas terapias el psicólogo insiste en que repitas, el dolor es inevitable, el sufrimiento es opcional, tú decides sufrir si tomas la decisión de reavivar el recuerdo de esa relación de pareja. Toma en cuenta que el objetivo es volver a incorporarte poco a poco a una rutina. Inicialmente, lo harás de una manera automática, estarás desarrollando labores pero seguirás pensando en tu ex pareja. Es muy conveniente que entables conversaciones tú y no sólo que te quedes escuchando. Cuando escuchas puedes distraerte con pensamientos negativos pero si tú tienes que participar en la conversación, te obligas a pensar en aquello que hablas. Paulatinamente, pensarás cada vez menos en tu ex pareja. Al principio, el recuerdo de tu ex pareja te destrozará y luego sólo te producirá dolor. Los avances pueden ser muy lentos, pero mientras la tendencia sea mejorar un poco cada día, irás bien.

## 💋 Fase de reorganización

En esta fase ya tienes que empezar a notar una mejoría. Sufres, pero no constantemente. Comienzas a pensar en nuevos proyectos; de vez en cuando no sufres sino que empiezas a disfrutar. Te vuelven a motivar actividades que te habían dejado de interesar, sonríes más. Es posible que te vuelvas a acordar de tu ex pareja pero no debes desanimarte. Te puede inundar una tristeza profunda pero de manera voluntaria te la quitas de la cabeza.

También es recomendable que empieces a buscar actividades que te motiven mucho, incluso aunque no te gusten tanto, sería conveniente que practicaras un deporte; además de ponerte en forma, impactará positivamente en tu autoestima, te verás más joven. Puedes optar por hacer cosas que siempre quisiste y por alguna razón no pudiste.

## Etapa de sanación y satisfacción

Esta etapa es el final del proceso. Un día, sin darte cuenta, ya no sufres, empiezas a pensar en tus propias necesidades. Lo importante es que te sientes bien, empiezas a disfrutar los pequeños placeres que te da la vida, te das cuenta de que has estado todo el día sin pensar en tu ex pareja y cuando la llegaste a recordar ya no te dolía. Recuerda que aunque ya estás preparado para empezar una nueva relación, sería bueno que te dedicaras un tiempo a ti mismo, a sentirte bien contigo y a disfrutar de tu independencia. ¿Merece la pena volver a ver a tu ex pareja? A veces no tienes opción y puede volver a producirte un dolor grande, por lo que en todo momento debes pensar: "La persona que yo amaba ha muerto, la persona que está hablando conmigo es otra". Si depende de ti evitar un reencuentro, hazlo hasta que su recuerdo no te genere tristeza ni odio. Por otra parte, sería bueno que escribieras una carta para ti sobre las cosas buenas que te dejó esa persona y lo que aprendiste. El resto, el resentimiento y los reproches, son sólo un lastre que debes quitarte de la espalda.

# Los celos:
## ¿se pueden volver enfermizos?

Los celos son un sentimiento natural de miedo por perder a la persona que queremos, los niños sienten celos de sus hermanos por miedo a que sus padres les quieran menos, los amigos también pueden tener celos, pero de lo que vamos a hablar a continuación son de los celos de pareja.

Tener un poco de celos, celar a tu pareja, es normal ya que todos tenemos inseguridad y un cierto temor a perder a la persona que queremos. El problema es cuando ese miedo se vuelve constante, incluso obsesivo, entonces los celos pasan a ser patológicos y enfermizos.

## 💋 Los celos enfermizos o patológicos

Cuando vives en constante estado de ansiedad por miedo a perder a tu pareja, tu cabeza piensa constantemente en que ella te sea infiel y ésta preocupación afecta a tu vida diaria y a la vida en pareja; puedes padecer de celos patológicos, también llamados celotipia.

♀

Las personas que sufren de celos patológicos piensan constantemente que van a perder a su pareja o que los va a dejar por otro y empiezan a ejercer el control sobre ella. En muchos casos la pareja accede a ese control por evitar el conflicto. Al principio piden pequeños detalles sobre la pareja, como horarios y con quién salen, incluso acaban teniendo acceso a su teléfono y a la contraseña de su correo electrónico. Una de las estrategias que utilizan los celosos patológicos es chantajear a su pareja diciéndole que si no tuviera nada que ocultar no tendría miedo a mostrar sus correos. El problema es que el celoso interpretará cualquier conversación o cualquier señal como un signo de infidelidad y exigirá gradualmente mayores cuotas de control sobre la vida de la pareja para asegurarse de su fidelidad.

## CÓMO SABER SI TENEMOS CELOS PATOLÓGICOS

♥ Piensas constantemente que tu pareja te va a ser infiel.

♥ Cualquier persona representa una amenaza que te puede quitar a la pareja.

♥ Controlas constantemente los movimientos de tu pareja:

–Dónde va,

–con quién está,

–cuáles son sus horarios.

♥ Limitas la libertad de tu pareja.

♥ Sientes el mismo temor con todas las parejas.

## ¿Qué hacer **si mi pareja tiene celos patológicos?**

En una relación de pareja es importante establecer límites. Si tu pareja padece de celos patológicos su miedo a perderte hará que esos límites desaparezcan, te pedirá todo tipo de explicaciones, como a dónde vas, con quién vas o cuáles son tus horarios. Posteriormente, identificará a las personas que considera que ponen en peligro su relación y te pedirá que evites tener contacto con ellas. Incluso puede llegar a pedirte acceso a información más íntima, como tu teléfono o tus mensajes electrónicos, con el pretexto de que si no tuvieras nada que ocultar se los mostrarías. Al hacer esto, sólo conseguirás que tu pareja sea dueña de tu vida y no actuarás con base en lo que te gusta, sino con base en lo que quiere otra persona. Debes establecer un límite entre lo que es tu vida íntima y sólo te pertenece a ti y lo que quieres compartir con la pareja.

## En la **cabeza de un celoso patológico**

Muchas veces nos preguntamos qué es lo que le pasa a una persona para tener esas reacciones exageradas. En la mayoría de los casos, los celos desproporcionados tienen más que ver con lo que pasa en la cabeza del celoso que con lo que la pareja haga. Su forma de analizar cualquier encuentro, está basada en quién representa una amenaza para quitarle a su pareja. Las personas que padecen celos patológicos identifican a otras personas como posibles contrincantes, las perciben como amenazas que pueden poner en peligro su relación. Piensan así porque, normalmente, tienen una baja autoestima. Cualquier persona les puede quitar a su pareja porque, en el fondo, no creen que ellos sean suficiente. Por eso se centran en aislar a la pareja y alejar, ahuyentar o asustar a todas aquellas personas que perciben como una amenaza. Es típica la situación que se da cuando alguien está con su pareja, se cruza una persona que simplemente le sonríe, y ella le devuelve la mirada. El celoso patológico identifica esto como una situación extrema en la que le pueden quitar a su pareja y reacciona de una forma desproporcionada, faltándole al respeto a su pareja o incluso enfrentándose a la otra persona creando una situación muy desagradable. Una persona sin celos se habría dado cuenta de esa situación y hubiera pensado: "Aunque muchos hombres la deseen, ella decidió estar conmigo".

## Celos patológicos:
## la profecía cumplida

No es que lea las cartas ni tenga bola de cristal pero a continuación voy a predecir el futuro de todas aquellas personas enfermas de celos. A la mayoría de nosotros nos van a ser infieles alguna vez, pero el celoso patológico usa ese pretexto u otro para justificar mentalmente que debe evitar que le vuelva a pasar. El celoso patológico en vez de ponerse a trabajar en cómo hacer crecer la relación de pareja o buscar nuevas experiencias, se obsesiona con que puede perderla. Para evitarlo, empieza a ejercer un control excesivo sobre la pareja (hace llamadas constantes, invade la intimidad, crea normas de cómo debe vestirse y con quién debe ir), consiguiendo que su pareja se sienta atada, acorralada y forzada en la relación y consecuentemente queriendo huir de ésta. En definitiva, se cumplió la profecía de: "Me van a dejar". Es mejor centrarnos en el hecho de que la pareja está contigo porque lo ha elegido y no porque esté obligada.

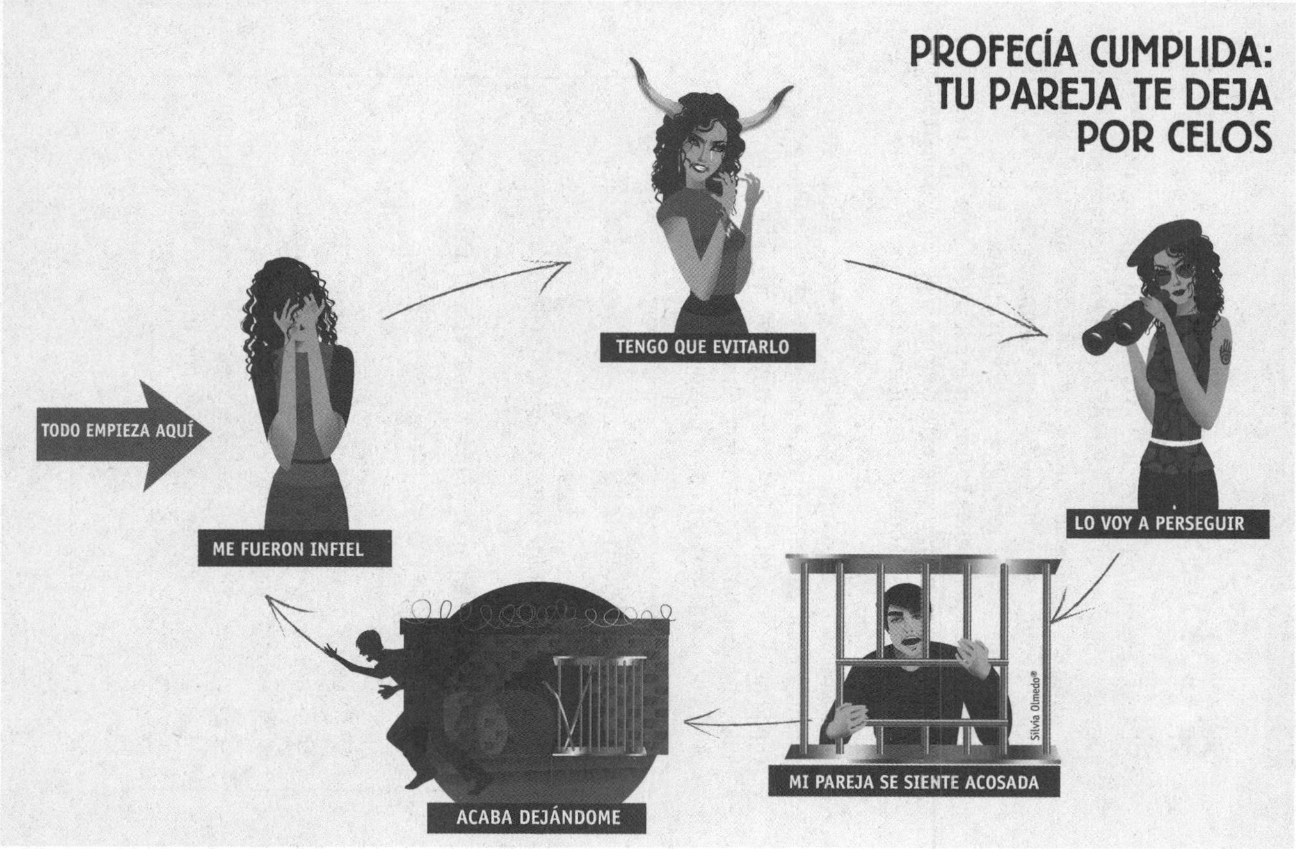

PROFECÍA CUMPLIDA:
TU PAREJA TE DEJA
POR CELOS

TODO EMPIEZA AQUÍ

ME FUERON INFIEL

TENGO QUE EVITARLO

LO VOY A PERSEGUIR

MI PAREJA SE SIENTE ACOSADA

ACABA DEJÁNDOME

Silvia Olmedo®

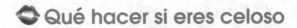

# 💋 Qué hacer si eres celoso

Debemos entender que las personas nos son objetos, no son nuestras y que en una relación de pareja ambos deciden estar juntos. El problema surge cuando piensas que tú tienes menos que ofrecer a tu pareja o te comparas con el resto y te consideras inferior. En estos casos, puedes tener una autoestima baja y debes ir con un especialista para no tirar por tierra una relación que está funcionando bien y que tú estás dispuesto a sabotear porque no crees merecer que te amen tal como eres.

Siempre que te vengan los celos, repítete: mi pareja ha decidido estar conmigo porque quiere, y ahora quiere estar conmigo y yo con ella; debo aprovecharlo. No debo controlar a mi pareja, debo generar atracción y seducirla día a día con lo que yo puedo ofrecer como persona.

---

### ¿QUÉ HACER SI ERES CELOSO?

💙 Ejercer el control sobre tu pareja sólo va a provocar su huida.

💙 No hagas chantajes, ni pidas tener acceso a su intimidad:

    –No le pidas sus contraseñas ni su teléfono.

    –No la sigas.

💙 Tu pareja no es tuya; ha decidido estar contigo.

💙 Si los celos te hacen reaccionar desproporcionada, o incluso peligrosamente, debes acudir con un psicólogo.

💙 Si sientes celos con todas tus parejas, puedes tener un problema de autoestima. Acude con un psicólogo.

---

# Las relaciones
## enfermizas

**A**quellas relaciones que nos hacen sufrir constantemente, nos hacen depender de una persona, nos qui-
tan la libertad, bajan nuestra autoestima y nos dañan
como individuos, son relaciones enfermizas. Muchas personas
no son conscientes de que están en una relación enfermiza, es
muy parecido a la relación que tienen los drogadictos con las
drogas, no se consideran adictos, creen controlar la situación.
El primer paso, tanto en las adicciones físicas como en la
relaciones enfermizas, es la aceptación. Aceptar que tenemos
una relación adictiva, somos codependientes o víctimas de un
maltrato o chantaje emocional es el punto de partida hacia la
recuperación.

## 👄 El chantaje emocional

El chantaje emocional es un tipo de abuso psicológico que no
sólo existe en la pareja, también lo utilizan los familiares, amigos o colegas. A lo largo de nuestra vida nos vamos a encontrar
con chantajistas emocionales, gente que, con tal de imponer
su voluntad, utiliza todo tipo de estrategias manipulativas.

♀

En ocasiones se generan dinámicas de comunicación entre las parejas que son nocivas y están basadas en un chantaje emocional que se manifiesta a través de amenazas o coacción por parte de uno de los miembros a modo de castigo si no consigue lo que quiere. El chantaje emocional tiene grados y desgraciadamente muchas veces llega al maltrato psicológico. El chantajista identifica las vulnerabilidades de su pareja para manipularla y obligarla a hacer su voluntad.

El gran problema del chantajista es que no quiere llegar a un acuerdo, no desea hacer concesiones para llegar a un punto medio donde tanto uno como otro acaben cediendo por el bien común de la pareja. En el fondo, al chantajista no le preocupa lo que la otra parte desee, ni su bienestar, sino asegurarse de que en definitiva ha conseguido lo que desea.

Es posible no darnos cuenta de que tenemos una relación con un chantajista emocional, y esto es porque no siempre actúan de manera agresiva o autocompasiva para hacernos sentir mal. Si en tu relación de pareja acabas cediendo tú casi siempre a lo que quiere la otra persona o ésta siempre te hace sentir culpable, podrías estar en una relación enfermiza basada en el chantaje emocional. Como consecuencia, tu relación está desequilibrada. Tu pareja te subestima constantemente y pretende controlar en todo momento la relación, te deja como una persona indefensa e insegura para enfrentarte a él o ella hasta en la más mínima decisión.

## Los distintos **tipos de chantajistas emocionales**

Según Susan Forward, hay cuatro tipos de chantajistas emocionales que utilizan distintas estrategias para conseguir lo que quieren de su pareja.

## Tipos de chantajistas

💜 Castigadores. Son los que consiguen lo que quieren con su pareja utilizando métodos agresivos, amenazas y enfados. Hacen que la pareja sufra y tenga miedo a desafiarlos.

*"Eres un/una inútil. Si lo vuelves a hacer, te dejo".*

💜 Autocastigadores. En este caso, amenazan con herirse a ellos mismos si no se hace su voluntad. Son aquellas personas que amenazan con dejar sus estudios, o incluso atentan en contra de su vida.

*"Si me dejas, me quito la vida".*

💜 Víctimas. Su manera de manipular es amenazando a la pareja con el sufrimiento que ellos van a tener si no se hace lo que quieren.

*"Soy un desgraciado por culpa tuya".*
*"Me sacrifico por ti, y tú no haces nada".*

💜 Seductores. Chantajean mediante la seducción. Ofrecen amor, dinero, o una mejoría en la profesión a cambio de que se haga lo que ellos dicen.

*"Si haces eso, ¿quién te va a pagar el súper?"*

Curiosamente, cuando una persona busca controlar constantemente, demuestra una gran inseguridad. Por lo general, padece de ansiedad o tiene una baja autoestima. El ejercicio del control constante se puede explicar como un mecanismo de sobrecompensación de sus inseguridades.

## Cómo reconocer **si somos el blanco de un chantajista emocional**

Según Susan Forward, debemos preguntarnos si las personas que consideramos importantes, actúan de la siguiente manera:

- Te dicen o dan a entender que se abandonarán, se harán daño o se deprimirán si no haces lo que quieren.
- Amenazan con complicarte la vida si no haces lo que ellos dicen.
- Amenazan constantemente con poner fin a la relación si no les das gusto.
- Hacen generosas promesas que están supeditadas a tu comportamiento y rara vez las cumplen.
- Siempre quieren más por mucho que les des.
- Están convencidos que acabarás siempre cediendo.
- Habitualmente ignoran o no hacen caso de tus sentimientos y aspiraciones.
- Te tachan de egoísta, malo, interesado,insensible o descuidado cuando no cedes.
- Se deshacen en alabanzas cuando cedes y las retiran cuando te mantienes firme.
- Utilizan el dinero como arma para salirse con la suya.

Si respondes afirmativamente a una sola de estas afirmaciones, estás sometido al chantaje emocional.

# ESTRATEGIAS DE UN CHANTAJISTA EMOCIONAL

**Te hace sentir culpable por hacer lo que quieres**

"Fue tu culpa que yo me pusiera celoso"
"Si te hubieras quedado conmigo no hubieramos discutido"

**Te hace sentir malo**

"Me has decepcionado"
"No pensaba que fueras tan egoísta"

**Te halaga si haces lo que quiere**

"Nunca dudé de tu inteligencia"

**Busca aliados (si no funciona)**

"Hablé con tus padres y piensan que tengo razón"

**Te acusa de enfermo**

"Creo que te estás volviendo loca"
"Estás muy desequilibrado"

## Cómo terminar **con los chantajes emocionales**

Lo más importante es darte cuenta de que estás en este tipo de relación. En el momento en que te vuelves consciente, avanzas. Es importante que no te victimices, tanto el chantajista como el chantajeado son responsables de esta dinámica que hace tu relación enfermiza.

### Tips para prevenir chantajes emocionales

✓ Pídele a tu pareja que justifique su decisión con hechos.
✓ No hagas creer a nadie que es dueño de tu vida, y que en sus manos está tu futuro.
✓ No dejes que utilice amenazas de que te va a dejar, para conseguir que hagas su voluntad.
✓ No dejes que tu pareja te falte el respeto si no se hace lo que quiere.

Si cuesta trabajo romper con esta dinámica, es importante que la pareja acuda a un especialista en terapia de pareja para intentar salvar la relación ya que ambos han permitido que se dé este tipo de relación.

# 👄 Las relaciones codependientes

La codependencia es un padecimiento emocional en el que existe demasiada preocupación y depencia excesiva hacia la pareja. La persona codependiente necesita a su pareja, llegando a creer que su vida no tiene sentido sin ella. En ocasiones, la percepción que tiene de si misma es tan sesgada que su valor como persona depende de lo que piensa su pareja. Más que una relación de amor hay una relación de necesidad excesiva del otro, la persona no tiene libertad porque está obsesionada por su pareja.

Muchos codependientes necesitan dar continuamente para no sufrir culpabilidad ni ansiedad. Es indispensable que se sientan necesarios para así garantizar que no les rechacen. Otros hacen cualquier cosa con tal de que no les dejen, no conciben la vida sin su pareja, y justifican los ataques y maltratos como consecuencia de algo que ella hizo; se autoculpan de todo el daño que les ha causado la pareja.

> *Ya no afiles las navajas*
> *ya no me haces daño cuando me las clavas*
> *ya no afiles los colmillos*
> *ya no me hacen daño cuando me desangras*
> *ya no me destruyas más*
> *ya no me destruyas, mejor desaparece*
>
> Zoé (León Larregui)

Esta canción de Zoé es un claro ejemplo de codependencia. La canción debería decir: ya no me voy a dejar destruir o no me puedes destruir, en vez de darle a la pareja la opción de destruirnos.

## 💋 El maltrato y la codependencia

Si bien no todos los casos de maltrato se deben a un problema de codependencia sí hay un patrón de conducta en

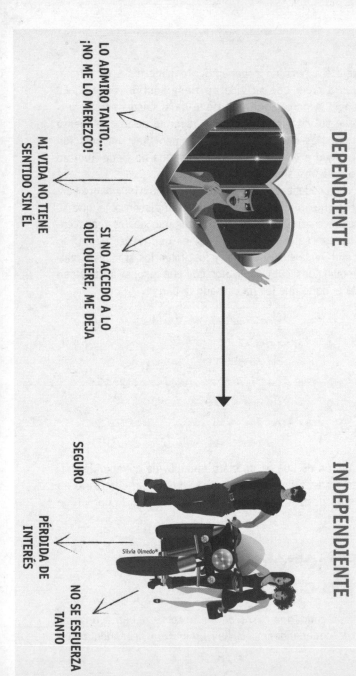

CODEPENDENCIA UNILATERAL

DEPENDIENTE

LO ADMIRO TANTO...
¡NO ME LO MEREZCO!

MI VIDA NO TIENE
SENTIDO SIN ÉL

SI NO ACCEDO A LO
QUE QUIERE, ME DEJA

INDEPENDIENTE

SEGURO

PÉRDIDA DE
INTERÉS

NO SE ESFUERZA
TANTO

Silvia Olmedo®

la relación maltratador-maltratado causado por una relación de codependencia. Cuando una persona es codependiente es insegura por naturaleza. Necesita la constante aprobación de su pareja, continuamente está pendiente de ella, y lo más importante, está convencida de que su vida no tiene sentido sin su pareja. Empieza a hacer concesiones durante los primeros conflictos. Ante una pequeña discusión, si su pareja le dice: "Tú no sabes de eso, mejor te callas", en vez de reaccionar de manera asertiva y contestar: "Pues no sé tanto como tú", contesta: "Tienes razón, cariño. Si uno no sabe, se calla". Poco a poco, el codependiente va siendo más tolerante a cualquier agresión, hasta que un día la pareja llega enfadada, frustrada o borracha, se enoja por cualquier comentario que el otro hace y lo golpea. En esta ocasión, la persona codependiente justifica a la pareja, incluso se culpa por haberlo irritado, prefiere esa situación a que la abandonen. Es importante hacer consciente a la persona maltratada de que nadie se merece que le maltraten, que una persona que maltrata es responsable de sus actos y que si alguien te ama, no te maltrataría.

# La orientación
## sexual

## Las relaciones homosexuales

Necesitaría un libro entero para hablar sobre las personas con orientación sexual hacia el mismo sexo (homosexualidad), por lo que he preferido centrarme en algunos aspectos que es conveniente que conozcas.

Cuando se habla de relaciones entre homosexuales la gran mayoría de la gente piensa en relaciones sexuales, pocos se centran en los aspectos emocionales, como el enamoramiento, los celos o las relaciones duraderas. Lo cierto es que hay muchas más similitudes entre amor homosexual y heterosexual que diferencias. Curiosamente, los cambios químicos y emocionales que ocurren cuando se enamoran las parejas homosexuales, son muy parecidos a las parejas de hombres y mujeres. El mundo de los sentimientos es muy parecido en ambos tipos de parejas, pero las de homosexuales se ven seriamente afectadas en su relación por los prejuicios que aún existen. Por lo general, una pareja homosexual se

♀

topa con más adversidades y mayor nivel de discriminación. A diferencia de las parejas heterosexuales, más gente está en contra de su relación. En este tipo de parejas, el hecho de que existan mayores adversidades hacia ellos, puede hacer que se fortalezcan sobre todo, en la etapa de enamoramiento. Según la doctora Helen Fisher, si una pareja que está en estado de enamoramiento o de amor romántico tiene más adversidades en su relación, esto puede hacer que los miembros se unan más para luchar contra la adversidad que impide ese amor. En la gran mayoría de los guiones de películas románticas, la adversidad del resto es lo que provoca una unión más fuerte de los enamorados.

## 💋 Lo que debes saber de la homosexualidad

La mayor parte de los sexólogos considera que la orientación sexual hacia las personas del mismo sexo (homosexualidad) tiene un gran componente genético. Pero así como no todos somos de raza completamente blanca o completamente negra, es conveniente entender la orientación sexual como un continuo.

Aunque existen escalas mucho más modernas, como la de Klein, en lo personal creo que se visualiza mejor el concepto de la orientación sexual con la de Alfred Kinsey.

La gente que obtiene una puntuación entre 0 y 1 en Kinsey, tiene una orientación clara hacia personas del sexo opuesto. Aquellas personas que puntúan 1 son claramente heterosexuales pero han tenido una relación sexual accidental con una persona del mismo sexo, y las que puntúan 5 han tenido una relación accidental con una persona del sexo opuesto pero tienen una orientación clara hacia personas del mismo sexo. La puntuación 6 corresponde a personas que tienen una orientación sexual exclusivamente homosexual. Y las personas bisexuales estarían situadas en el número 3.

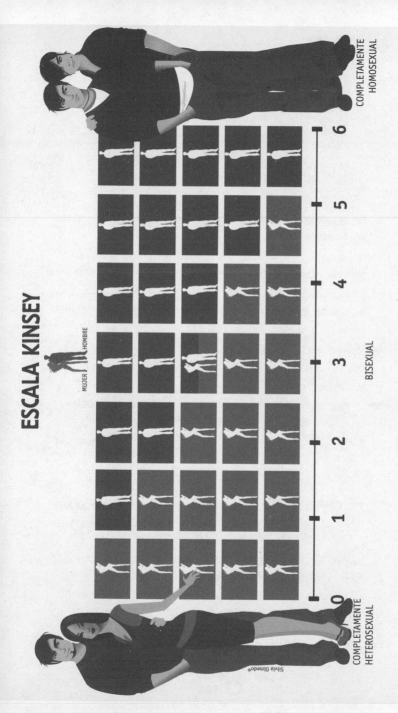

Según los sexólogos, las personas que puntúan 0 y 1, y 5 y 6, son personas en las que está claramente determinado el origen genético de su orientación sexual.

---

## LO QUE DEBES SABER SOBRE LA HOMOSEXUALIDAD

💜 En la mayor parte de los casos, es genética, no se elige ser homosexual.

💜 No es una enfermedad, simplemente es una orientación sexual distinta.

💜 Una conducta sexual hacia el mismo sexo no te hace homosexual. El enamoramiento es un indicador muy importante de la orientación sexual.

💜 Hay personas que tienen una orientación sexual hacia ambos sexos. La bisexualidad no es un "paso" hacia la homosexualidad.

💜 La homosexualidad es natural, existe dentro de la naturaleza, pero no es lo normal, porque no la practica la mayoría de la población. No estar dentro del grupo de la mayoría o lo normal, no es mejor ni peor.

---

# 💋 Soy homosexual. ¿Qué hago si me enamoro de un amigo?

Muchos homosexuales se enamoran de sus amigos y se topan con una situación muy difícil ya que no saben cómo actuar. Si se lo confiesan, pueden perder a un amigo o los pueden rechazar, pero si no lo hacen pueden seguir enganchados en lo que otros creen que se trata de una simple amistad. En muchos casos, el que sepan tu orientación sexual y tú conozcas la de los otros, evita malentendidos. En otras ocasiones, si ha existido un coqueteo (o al menos así lo interpretas tú), la mejor forma de proceder es tener una charla sincera sobre tu orientación sexual.

Puedes averiguar de manera casual si a tu amigo o amiga le interesan las personas del mismo sexo. Si esto no es así, entonces no te arriesgues a perder una amistad y evita cualquier tipo de insinuación sexual ya que podría incomodar a tu amigo o amiga y poner la amistad en peligro. En el caso de las mujeres, saber si atraes o no a otra mujer es más difícil pues ellas tienen conductas más cariñosas y puede generar mayores malentendidos.

Si te gusta una amiga y ella te toca de manera cariñosa (como lo hace con el resto de sus amigas), puedes decirle que no lo haga o estar bien consciente de que esos gestos son sólo de afecto y no tienen ninguna naturaleza sexual.

Aún existe un desconocimiento muy grande acerca de las relaciones homosexuales. La ignorancia lleva al miedo y el miedo a la discriminación. La educación es la mejor opción para cambiar poco a poco las ideas erróneas que se tienen acerca de la homosexualidad. Hasta 1973, el Manual Estadístico de Trastornos Mentales (DSM III), que es la guía más utilizada por los psiquiatras, consideraba la homosexualidad como una enfermedad. Se ha avanzado mucho y poco a poco hay menos prejuicios, pero es con el día a día y de boca en boca como cambiarán los prejuicios que aún existen.

## 💋 Mi amigo es homosexual y le gusto. ¿Qué hago?

Muchos hombres y mujeres heterosexuales se sienten presionados cuando una persona con orientación sexual hacia el mismo sexo les insinúa que le gusta. Hay quienes actúan desproporcionadamente y lo sienten como una agresión, esto se debe al desconocimiento que tenemos sobre la homosexualidad. Si nos ponemos en el lugar de una persona homosexual vemos que es muy difícil saber si alguien es homosexual o heterosexual. Por eso, si eres heterosexual y se te insinúa una persona homosexual, no le des tanta importancia, simplemente dile que no te gustan las personas del mismo sexo y él o ella entenderá que no vale la pena seguir intentándolo. Las mujeres estamos muy acostumbradas a este tipo de situación con los hombres. Igual que cuando le dices a un galán que se acerca que no te gusta, lo mismo puedes hacer con una galana, sin necesidad de hacer drama. Si la persona que te declara su amor es un buen amigo o amiga, ponte en su lugar y piensa lo difícil que es para él o ella. Deja claro que no te gustan las personas del mismo sexo para acabar con toda esperanza de romance y deja abierta la puerta a la amistad.

## QUÉ HACER SI MI AMIGO ES HOMOSEXUAL

💜 El hecho de que tu amigo sea homosexual, no quiere decir que tú le gustes.

💜 Ten una conversación honesta con él o ella. No sientas vergüenza por preguntar cosas sobre su orientación sexual. Explícale tus miedos.

💜 Recuerda que tener amigos homosexuales no te hace homosexual.

💜 No sólo es una cuestión de tolerancia. Acepta a tu amigo como es, del mismo modo en que él o ella te acepta a ti.

💜 Nuestros miedos se basan en la ignorancia; infórmate.

*Ofrecer amistad al que pide amor es como dar pan al que muere de sed.* Ovidio

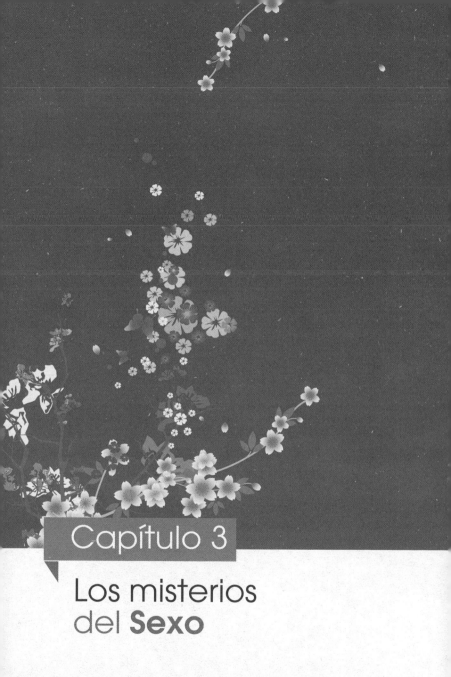

# Capítulo 3

## Los misterios
del **Sexo**

# ¿Por qué dos sexos?
## ¿No podían hacerlo más simple?

¿No sería mejor que no existieran hombres y mujeres? ¿Que todos fuéramos del mismo sexo? ¡Cuántos corazones rotos nos ahorraríamos! Muchos psicólogos evolutivos piensan que el amor es una consecuencia de la aparición de los dos sexos, así como de la necesidad de encontrar a alguien del sexo opuesto con quien tener descendencia y cuidarla. Sería maravilloso que fuéramos como una esponja marina y reproducirnos con nuestras esporas o que, como muchos animales invertebrados, fuéramos hermafroditas, así tendríamos los órganos masculinos y femeninos para reproducirnos nosotros mismos. Obviamente, los grandes productores de telenovelas se irían a la bancarrota y las sagas de Hollywood se limitarían a la ciencia ficción. Mejor no, volvamos a los aspectos positivos de que existan dos sexos.

La variabilidad genética es la principal razón por la que existen dos sexos. Si nosotros tuviéramos clones o individuos iguales a nosotros la probabilidad de que sobrevivieran a un evento impredecible –como un virus, una bacteria letal o un desastre ecológico– sería mucho menor que cuando la descendencia es mitad nuestra y mitad de otra persona. Nosotros no sólo heredamos los rasgos físicos de nuestro padre y nuestra madre sino también su sistema inmunológico, el cual nos defiende de muchas enfermedades; muchas personas no están conscientes de esto hasta que sobreviven a alguna epidemia o enfermedad. En definitiva, no solamente heredamos el color de pelo o de ojos, sino también la propensión o resistencia a ciertas enfermedades. Cuando se juntan dos sexos la descendencia puede heredar características de ambos, lo cual aumenta su probabilidad de supervivencia. Suena poco romántico, ¿verdad?

# ¿Por qué a los hombres
## les atraen las bubis?

Ya hemos explicado que con la aparición de dos sexos, macho y hembra, se consigue que sobreviva un mayor número de individuos de una especie. En el caso de los mamíferos se da una ventaja reproductiva aún mayor. La fertilización se realiza dentro del cuerpo de la hembra y el óvulo fecundado –el embrión– también madura en su interior, razones por las que tiene mayores probabilidades de sobrevivir. Tras su nacimiento, esa cría también posee una ventaja en comparación con otros animales: la madre no se separa de ella y al amamantarla tiene la seguridad de que va a ser alimentada, por muy poca comida que exista; esto aumenta aún más la probabilidad de supervivencia. Este proceso hace que los mamíferos establezcamos vínculos emocionales más fuertes que el resto de los animales. Además, en el caso de las mujeres, al pasar a caminar verticalmente lo primero que se nota en ellas es la parte frontal de su cuerpo. Los pechos se vuelven una parte mucho más llamativa de su cuerpo, convirtiéndose en una señal de fertilidad y en un reclamo sexual.

♀

#  El apetito o deseo sexual

¿Qué debe suceder para que se atraigan el macho y la hembra? Lo mismo para que una persona se alimente y sobreviva: debe existir un apetito, un deseo que la lleve a buscar comida. Durante la pubertad nuestro cerebro empieza a liberar hormonas que hacen que se produzca el deseo sexual. El paso previo para la atracción, excitación y seducción es que exista un apetito sexual, un hambre de sexo. Y para que esto exista es importante estar sanos físicamente, si estamos bien alimentados, descansados y saludables tendremos apetito sexual y el deseo de tener relaciones. El instinto de supervivencia es mayor que el de reproducción. Si nuestro cuerpo siente que estamos en peligro o no tenemos los suficientes recursos para sobrevivir, establecerá prioridades y decidirá dejar de lado su faceta reproductiva y no mantener relaciones sexuales para enfocarse en la supervivencia. Por eso, cuando nos falta apetito sexual, puede ser una señal de que nuestra salud no está en perfecto estado.

# ¿Por qué el sexo
## produce placer?

El placer sexual tiene el objetivo de que se repita la cópula. Si tuviéramos hambre y la comida supiera horrible, no querríamos volver a comer. El deseo nos lleva a tener relaciones sexuales y si éstas son placenteras, las repetiremos y aumentaremos las oportunidades de tener más descendencia. Las relaciones sexuales además de tener un fin reproductivo permiten, no sólo a los humanos sino también a otros animales, desarrollar conductas de afiliación entre ellos. Estas conductas favorecen socializarse, comunicarse, aprender de los miembros de su especie y mostrar afinidad por otros miembros del grupo.

No sólo en el macho, sino también en la hembra, para que se repitan las relaciones sexuales éstas tienen que ser placenteras. Sí, ¡también en la hembra! Hasta hace poco, si la mujer mostraba tener deseos sexuales era vista como una bruja, una pervertida o una mujer de mala vida. La mujer a la que le gustaba disfrutar de su sexualidad era equiparable a una prostituta. Desgraciadamente esta creencia aún existe. Es común oír comentarios como: "Es una puta, se acuesta con todos". Pareciera que los hombres fueran los únicos que pueden pensar en el sexo.

♀

Antes, el sexo era visto como una debilidad, algo sucio que nos transformaba en animales y no como una forma de comunicarnos y disfrutar. Según este viejo concepto, el hombre era el débil y caía "en las tentaciones del sexo", pero la mujer no debía hacerlo ya que era la portadora de valores como pureza, limpieza y virginidad. Esta amputación del deseo en nuestra cultura sigue impactando muy negativamente hoy, no sólo en la mujer sino también en su pareja.

# Hombre, mujer.
## ¿Existe un tercer sexo?

Ya sabemos que existen dos sexos, tendemos a ver al hombre y a la mujer como polos opuestos. Pareciera que el sexo de cualquier persona es claro. Incluso antes de nacer, a los padres pueden decirles si el futuro bebé es niño (si tiene cromosomas XY) o niña (si tiene cromosomas XX). Lo que ellos no saben es que eso no garantiza que el bebé vaya a nacer con las características propias de ese sexo, ni con sus genitales u orientación sexual. En definitiva hay un sexo cromosómico, gonadal (ovarios o testículos), genital y cerebral que en una minoría de gente no coinciden. Hay niños que nacen con un sexo cromosómico determinado pero con los genitales del sexo opuesto.

Lo cierto es que el hombre y la mujer no son tan distintos, tienen muchos más aspectos en común de los que pensamos. Para empezar, la testosterona, que se asocia con el hombre, también está presente en las mujeres aunque en menor proporción y los hombres también tienen estrógenos. El vello facial aparece en menor proporción en las mujeres, pero aparece y hay mujeres cuya apariencia corporal muestra rasgos más masculinos. Hay mujeres atletas que tienen

♀

cuerpos más musculosos que muchos hombres. Esto no las hace menos mujeres, tan solo no encajan con la visión más femenina que tenemos de la mujer. Si a esto añadimos que en las primeras semanas de embarazo el embrión –ya sea cromosómicamente niño (XY) o niña (XX)– no tiene distinción genital de ningún tipo, sino que tiene las características de una hembra y no del macho, nos soprenderíamos aún más. Durante el proceso de sexuación o desarrollo de las características correspondientes a cada sexo, un embrión con cromosomas XY (hombre) puede nacer sin pene o con uno muy pequeño, simplemente porque no liberó suficiente testosterona y no facilitó un mayor desarrollo del órgano. Incluso los ovarios y los testículos son, durante las primeras semanas de embarazo, las mismas gónadas en ambos sexos. En otras ocasiones, si el embrión tiene cromosomas XX (mujer) y es expuesto a un exceso de testosterona, el clítoris puede crecer desproporcionadamente y parecer un pene. En este caso, la persona se sentirá mujer porque cromosómicamente lo es, pero debido a un exceso de testosterona tendrá unos genitales más parecidos o iguales a los masculinos. En la actualidad, con el desarrollo de la medicina, se conoce mejor a este tipo de personas llamadas transexuales. Muchos seres humanos en esta situación padecen un constante sufrimiento, se ven encarcelados en el sexo erróneo y ven la cirugía de reasignación de sexo como una solución a su sufrimiento.

## ¿Los animales disfrutan el sexo?

La respuesta es sí. Los animales también se lo pasan muy bien con el sexo. Sin embargo, es muy difícil saber exactamente qué tipo de placer tienen. Se cree que todos los animales con clítoris y glande tienen orgasmos como los de los humanos, incluso podrían ser mejores si se demostrara que su número de terminaciones nerviosas es mayor.

Por otra parte, hay un gran desconocimiento acerca de las conductas sexuales de los animales y pensamos que ellos tienen una conducta sexual meramente basada en el coito. Esto es falso, el mundo animal tiene una gran variedad de conductas sexuales. Según el investigador Frans B. M. de Waal, los bonobos –que son nuestros parientes primates más cercanos–, además de tener conductas de masturbación entre las hembras y los machos, tienen relaciones homosexuales que alternan con relaciones heterosexuales. La gran diferencia entre los animales y el hombre es que los animales no saben que el sexo da lugar a la reproducción. El placer por el placer es común en la mayoría de las especies.

# ¿El sexo y el amor
## tienen relación?

En el caso de los humanos (como en algunos primates) el hecho de que tengamos un hijo por cada nacimiento, que el parto sea más arriesgado y que el recién nacido sea mucho más inmaduro que en el resto de las especies, hace más importante que macho y hembra sigan juntos durante el periodo de cría, desarrollando así vínculos afectivos fuertes. Cada vez más estudios confirman que las relaciones sexuales que generan vínculos emocionales favorecen la supervivencia de la especie. Aunque esto fuera verdad, vale la pena seguir teniendo una idea romántica del amor que va más allá de la ciencia o como diría Quevedo, "más allá de la muerte", y no sólo como una estrategia de la naturaleza para mantenernos unidos por el bien de la supervivencia de la especie. La magia que se genera en una relación amorosa va más allá de toda explicación humana; es como la energía atómica, sabemos cómo se forma pero el evento va más allá de nuestra razón.

♀

# El placer a solas:
## el autoerotismo también llamado masturbación

**E**l acto de masturbarse –también llamado onanismo y autoestimulación– no sólo lo realizan el hombre y la mujer. Quienes dicen que la masturbación es algo antinatural que le echen un vistazo a la naturaleza. Los roedores, las ovejas, los toros y los primates se masturban y de distintas formas, por ejemplo, los burros arrastran su pene por el suelo y los primates se masturban con las manos e incluso llegan a utilizar objetos. Otros, como las cabras o las hienas, se autopractican el sexo oral como forma de masturbación. Por tanto, el ser humano no es original ni en esto. Durante mucho tiempo, incluso en la actualidad, la masturbación se ha visto como algo malo y esto ha generando un fuerte sentimiento de culpa. Pero la masturbación es un acto que permite desarrollar una sexualidad plena. Al principio nos enseña a explorar nuestra sexualidad (los genitales), aprendemos lo que nos gusta y llegamos a una primera relación sexual con el conocimiento de cuáles son nuestros puntos de placer. Después, se puede compartir con la pareja, gracias a la masturbación se exploran alternativas al sexo con coito.

♀

Hay personas que piensan que masturbarse cuando tienen pareja es malo, pues creen que están haciendo algo que deberían compartir con su pareja, sin embargo una cosa no tiene que excluir a la otra. Se puede seguir guardando como una alternativa más de placer y esto no quiere decir que se quiera menos a la pareja o que nos excite menos. Incluso ésta práctica se utiliza mucho entre parejas separadas por la distancia y a más de uno le ha ayudado a mantenerse fiel.

## 🍎 ¿Por qué es bueno masturbarse o autoestimularse?

Prácticamente todas las mujeres tienen apetito sexual pero muchas no saben satisfacerlo. Satisfacer el deseo sexual requiere un aprendizaje, un autoconocimiento de las zonas de placer y la masturbación es la clave para este aprendizaje. Sucede lo contrario con los hombres, cuando llegan a su primera relación con coito ya se han masturbado repetitivamente y conocen bien sus puntos más placenteros. Hay mujeres que llegan a su primera relación sexual sin haberse masturbado antes, sin conocer su respuesta sexual, sin haber mirado sus genitales y sin haber experimentado un orgasmo con su propia estimulación. Al llegar a una primera relación sexual sin haberse autoestimulado, la probabildad de que sea placentera será muy baja. La mujer tendrá deseo y estará excitada, pero le será muy difícil disfrutar su relación sexual al no conocer bien las zonas que debe estimular. Por esta razón, una persona que se sabe autoestimular tiene mayor probabilidad de disfrutar sus relaciones sexuales en pareja.

# Manual
# de instrucciones
## para dar placer a ambos

L as zonas erógenas son áreas del cuerpo que al estimularlas producen una respuesta o excitación erótica. La estimulación sexual varía dependiendo del tipo de estimulación que se aplique y la zona. Hay algunos aspectos que debemos tener en cuenta para entender mejor el concepto de zonas erógenas. Primero conocer que hay diferencias entre los tipos de pieles, no sólo entre las personas, sino entre los hombres y las mujeres. La mujer tiene una piel más sensible que la del hombre y además tiene menos vello por lo que el tipo de estimulación que requiere será distinta. Normalmente, no es necesaria tanta presión, la estimulación ligera (el uso de objetos como plumas o polvoreras) puede provocar un gran placer. El hombre tiene la piel más dura, con más músculo y está rodeada de vello, de modo que una estimulación muy leve puede producir cosquillas, incluso poner nerviosos a muchos hombres.

Antes de entrar de lleno en las zonas erógenas, no debemos olvidar la importancia del masaje. El masaje propicia la relajación y nos ayuda a liberar tensiones que nos mantienen en estado de alerta y nos impiden enfocar nuestra mente en

♀

otras cosas y sobre todo, entregarnos al placer. Un baño con agua caliente seguido de un masaje nos predispone positivamente a un encuentro sexual.

## ¿Cuáles son las zonas erógenas?

Es importante tener en cuenta que cada persona es un mundo y que debes tomarte tiempo para descubrir aquellas partes más sensibles de tu pareja. Por lo general, en los hombres son más predecibles las zonas erógenas y el tipo de presión que requieren es más parecido entre ellos que en las mujeres.

## Los hombres son pianos y las mujeres, chelos

Para crear una gran melodía de placer hay que tener en cuenta las diferencias entre el hombre y la mujer.

En términos musicales, podríamos comparar al hombre con un piano y a la mujer con un violonchelo.

El hombre se puede comparar con el piano en muchos aspectos, no necesita afinarse todos los días para sonar bien y las teclas representan claramente una nota; su estado emocional no impacta tanto en su desempeño sexual como en la mujer, por lo que va a responder de manera predecible ante cualquier estimulación erótica. Además, sus zonas erógenas son más predecibles que las de la mujer ya que en la mayoría de los hombres la estimulación sobre el glande va a garantizar una gran excitación. Como un piano que, aunque nunca lo hayas tocado permite crear una bella melodía, hay ciertas zonas cuya estimulación va a provocar excitación en la mayoría de los hombres.

A la mujer podríamos compararla con un chelo ya que los cambios externos la afectan más. Al igual que un día húmedo hace que el chelo necesite volver a afinarse y lo hace sonar distinto, en el caso de la mujer un evento puede afectar de manera importante a sus emociones y su predisposición para una relación sexual. El chelo necesita afinarse casi todos los días y la misma presión de los dedos al tocar una nota hace sonar un chelo de manera muy distinta. La misma intensidad de presión y roce que hace gozar a una mujer puede producir dolor a otra. Con esto quiero llegar a la conclusión de que en la mujer, los preliminares y la exploración de sus zonas erógenas es más importante que tener buena técnica. La sensibilidad de la mujer depende de los acontecimientos externos, pero también de los cambios físicos que experimenta durante el ciclo menstrual y la fase de ovulación. El tipo de contacto con sus labios y la presión requerida varía igual que el roce del arco con la cuerda del chelo en determinados días húmedos. No sólo es una cuestión de técnica sino también de sensibilidad; hay que tomarse el tiempo de explorarla, de entender que cambia día a día, de descubrirla o como el chelo, de afinarla. Por otra parte, la mujer es más agradecida y leal ante el placer. Si eres un virtuoso y te tomas el tiempo de afinarla crearás la melodía más maravillosa.

## ¿Tienen las personas homosexuales las mismas zonas erógenas?

Sí. Tanto los hombres como las mujeres homosexuales tienen las mismas zonas erógenas que los heterosexuales. Las zonas de placer son las mismas y si varían es de manera individual y no debido a su orientación sexual. La diferencia es que el deseo y la excitación los genera una persona del mismo sexo. Es decir, se tocan y se estimulan en los mismos sitios que las personas heterosexuales pero lo hacen pensando en una persona del mismo sexo.

Por otra parte, las personas homosexuales que están a gusto con su orientación sexual tienden a conocer mejor sus zonas erógenas que las heterosexuales. Al tratarse de dos personas del mismo sexo es más sencillo ponerse en el lugar de la pareja, les da menos miedo explorar y buscan otras alternativas para darse placer. El masaje prostático (también llamado sexo anal) y el sexo oral entre mujeres (también llamado *cunnilingus*) son prácticas más exploradas y mejor conocidas entre los homosexuales.

## 🍎 El botón del placer femenino

Ya sabemos que si el sexo no fuera placentero no lo repetiríamos. Pues bien, a los humanos no sólo nos dieron un órgano para el placer sino toda una orquesta; nuestro cuerpo está lleno de puntos que nos ofrecen maravillosas sensaciones. El director de orquesta de esta maravillosa sinfonía de sensaciones placenteras es la punta del glande en el hombre y el clítoris en la mujer. Pero enfocarnos únicamente en esas zonas sería como tocar un solo instrumento disponiendo de una orquesta entera, estaríamos limitando nuestro placer.

En el caso de las mujeres, la naturaleza nos regaló un órgano exclusivamente dedicado al placer –¡sí, sólo al placer!– el clítoris (hasta su nombre suena musical). Desafortunadamente, se desplazó un poco de su lugar (¿quién movió mi clítoris?) y esto nos ha producido muchos quebraderos de cabeza pero, como ocurre con el famoso e intrigante Triángulo de las Bermudas, a veces lo sobrevolamos sin darnos cuenta. En unas cuantas páginas más sabrás todo sobre el conjunto clitorial, también llamado clitoriano o clitoidal.

Aunque los hombres no tienen clítoris también se les proporcionó una zona altamente sensible para gozar mientras cumplen con la labor de depositar el semen dentro de la hembra. El glande es una zona muy sensible que además de ofrecer un gran placer, es un orificio de salida para la orina y el semen. A ellos no les dieron un regalo único para el placer pero le sacan más provecho que las mujeres.

## Las zonas erógenas de la mujer y el hombre

Las partes que están en rojo son las zonas erógenas más sensibles y podríamos decir que estimulan a la gran mayoría de las personas. Estamos hablando de los genitales y los pechos en la mujer y de los genitales en el hombre.

El resto de las zonas señaladas, si bien son erógenas, no necesariamente lo son para todo el mundo y el placer dependerá del tipo de estimulación que se aplique.

Podemos estimular a nuestra pareja de distintas formas únicamente con nuestro cuerpo (por ejemplo, con las manos, los dedos, las uñas, los codos, la lengua y los labios) o utilizar objetos externos cotidianos, (una brocha de maquillaje, un plumero o una pluma), cualquier objeto puede servir pero siempre hay que tener en cuenta que debe estar completamente limpio y que puede gustarle o no a nuestra pareja.

También se puede jugar con los sentidos, como con el contraste de temperaturas frío y calor, con distintos aceites especiales para este tipo de prácticas (¡ojo a las alergias!), o con tapar los ojos de la pareja; esto ayudará a que se enfoque más en otras sensaciones que le estás provocando.

# ZONAS ERÓGENAS

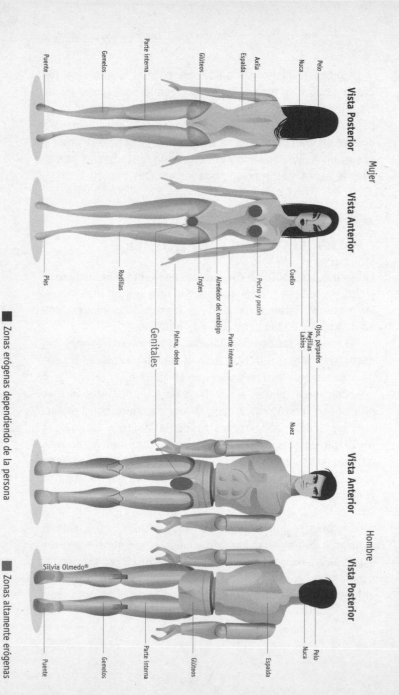

Mujer

**Vista Posterior**

- Pelo
- Nuca
- Axila
- Espalda
- Glúteos
- Parte interna
- Gemelos
- Puente

**Vista Anterior**

- Ojos, párpados
- Mejillas
- Labios
- Cuello
- Nuez
- Pecho y pezón
- Alrededor del ombligo
- Parte interna
- Ingles
- Palma, dedos
- Genitales
- Rodillas
- Pies

Hombre

**Vista Anterior**

**Vista Posterior**

- Pelo
- Nuca
- Espalda
- Glúteos
- Parte interna
- Gemelos
- Puente

Silvia Olmedo®

■ Zonas erógenas dependiendo de la persona

■ Zonas altamente erógenas

# Los rincones
## del placer en los hombres

Los genitales masculinos, al igual que los femeninos, son zonas altamente erógenas (las zonas más sensibles de nuestro cuerpo corresponden a aquellas en las que hay más terminaciones nerviosas y la piel es más fina). La diferencia entre un placer indescriptible y un dolor insoportable puede ser simplemente la presión que se ejerza. El glande de los genitales masculinos es la piel más sensible que tienen los hombres, es sumamente fina y durante el proceso de erección se hace todavía más sensible (como los cuerpos cavernosos se llenan de sangre, las terminaciones nerviosas están aún más expuestas). Sin embargo, no sólo el glande es sensible, también lo son el pene y los testículos. La zona que va de la base de los testículos al ano (el perineo) es altamente sensible, una simple presión con la yema de los dedos puede provocar mucho placer, incluso estimular de manera indirecta la próstata.

Nuestra piel puede reaccionar de manera muy distinta a cualquier tipo de estimulación. No es lo mismo el contacto con una piel seca que con una piel húmeda, con una uña, con la lengua o con el dedo. Cuanto más sensible sea la piel hay que tratarla con mayor delicadeza. Algunas pieles reaccionan mal ante el contacto con otra piel seca, la sensación que les puede producir en una zona altamente erógena es de dolor o de cosquillas. Lubricar la piel con aceite especial para esto, o simplemente mojarla, puede hacer más positiva esta sensación.

## El punto P

También es conocido como masaje prostático pero mucha gente todavía lo llama sexo anal porque la entrada para acceder a la próstata es el ano. La próstata es una glándula que sólo tienen los hombres, es del tamaño de una castaña, está debajo de la vejiga y delante del recto y su función es fabricar el líquido seminal. La próstata es muy sensible y aunque un dedo no la puede tocar directamente, si se introduce el dedo en el recto se puede presionar de manera indirecta, produciendo una sensación muy placentera.

Existen varios mitos acerca de la estimulación prostática. El primero se relaciona con que tienes que introducir un objeto extraño en el cuerpo de tu pareja para practicarlo y disfrutarlo. La realidad es que basta con el dedo, éste incluso permite masajear mejor la próstata ya que puedes ejercer mayor o menor presión de acuerdo con lo que quiera la pareja y es una práctica bastante segura.

Todavía hay muchos hombres que no han probado esta sensación ya que piensan erróneamente que esta práctica puede volverlos homosexuales. Esto es completamente falso. Nadie tiene que dictarte lo que debes hacer o no con tu pareja, pero el no querer probarlo debido a una falsa creencia puede hacerte renunciar a una nueva forma de compartir un gran placer con ella.

MASAJE PROSTÁTICO

PUNTO P

Silvia Olmedo®

El sexo anal se relaciona más con la introducción del pene en el ano (ya sea a un hombre o a una mujer); en la práctica entre hombres homosexuales también es común utilizar dildos o consoladores. Estas conductas son de mayor riesgo y hay que tener mucho cuidado ya que pueden producirse desgarros, por eso es vital el uso de un lubricante y la buena comunicación con la pareja. No hay que olvidar que el ano es un orificio de salida y puedes contagiarte de alguna bacteria presente en la heces; si no tomas medidas como el uso del condón, te pueden contagiar una enfermedad de transmisión sexual.

# QUÉ HAY QUE TENER EN CUENTA
## PARA HACER UN MASAJE PROSTÁTICO A TU PAREJA

- Asegúrate siempre de tener buena higiene (manos y zona del ano).

- Ten mucho cuidado con las uñas (deben estar cortas y limadas).

- Ten disponible un buen lubricante.

- Hazlo sin prisas, poco a poco.

- Puedes combinar la estimulación prostática con la estimulación oral.

- Lávate las manos después.

Silvia Olmedo®

# Los rincones
## del placer en las mujeres

Ya hablamos de que, la mujer es mucho más sensible al tacto y a la estimulación. Su tipo de piel, más fina y con menos vello, le da más sensibilidad. Por eso, si bien nos vamos a centrar después en los genitales, no debemos olvidar el resto del cuerpo. Si la mujer es más sensible, ¿por qué disfruta menos del sexo que el hombre? En la mayoría de los casos, por causas culturales y mitos que le impiden entregarse al placer y dejarse llevar por sus sensaciones.

## Los pechos

Es una zona muy sensible para la mayoría de las mujeres. No obstante, un error común es irse directamente al pezón o a la areola (la parte más oscura alrededor del pezón; es así para que el bebé recién nacido, con su vista tan débil, pueda identificar su fuente de alimento).

Volviendo a los pechos, una de las estrategias utilizadas para excitar más a la mujer es empezar desde la axila hasta llegar al pezón que, por tener una piel tan fina, es muy

# LO QUE DEBES SABER SOBRE LAS BUBIS
(O PECHOS)

- Dependiendo en qué momento del ciclo menstrual esté la mujer, van a estar más o menos sensibles.

- No las abandones, juega con ellas todo el rato.

- Date tu tiempo antes de quitar el brassier; date el gusto a ti y a ella de ver el envoltorio.

- Ve de la zona menos sensible a la más sensible.

- No muerdas ni ejerzas una presión fuerte a no ser que ella te lo pida.

- Experimenta con distintas texturas: boca, labios, dedos, plumas. La piel del pecho es muy fina y sensible.

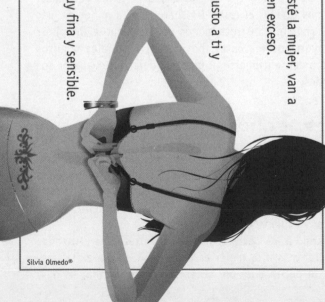

Silvia Olmedo®

sensible. El pezón se puede endurecer y no necesariamente tiene que ver con que la mujer esté excitada, una variación en la temperatura puede producir ese cambio.

Una regla de oro es siempre ir de la zona menos sensible a la más sensible para ir aumentando la excitación, teniendo mucho cuidado con no aplicar demasiada fuerza. Hacer *números circenses* como morder los pezones o mover los pechos como maracas puede producir dolor e irritar mucho a la mujer.

## Los genitales

Cada mujer es un mundo y si bien los genitales son una zona de gran placer para ella, cada una necesita distinto tipo de estimulación. Lo que para unas es un exceso de presión para otras no es suficiente. La regla de oro es ir poco a poco, teniendo en cuenta que los labios menores y el clítoris son zonas altamente sensibles (los labios menores son sensibles porque hay terminaciones nerviosas del clítoris). Podríamos decir que la zona que va desde el glande del clítoris hasta la vagina, es altamente sensible. Tómate tu tiempo y no te dé vergüenza preguntarle a tu pareja qué le gusta y qué no.

## El clítoris

### La historia **secreta del placer. En busca del clítoris**

Hace millones de años, con la aparición de los reptiles, se desarrolló una estructura muy sensible con gran número de terminaciones nerviosas llamada clítoris, que permitió la entrada placentera del pene por la cloaca (los reptiles no tienen vagina, por la cloaca se produce la defecación y la expulsión de los huevos). Es decir, el clítoris apareció con el fin de proporcionar placer a la hembra para que se dejara penetrar y buscara repetir las relaciones sexuales.

Con la aparición de los mamíferos, las hembras desarrollaron el útero y la vagina, lo cual les permitió proteger y alimentar mejor a las crías al estar dentro de ellas (aumentando la probabilidad de supervivencia). ¿A dónde quiero llegar con esto?, pues al hecho de que la aparición de la vagina es posterior a la del clítoris en el desarrollo de las especies y sin embargo éste ha sido el gran ignorado. Los dos tercios internos de la vagina no disponen de receptores sensoriales, es decir, apenas tienen sensibilidad. En la gran mayoría de los mamíferos (como gatas, perras y elefantas) el placer durante la cópula se da por la fricción del pene con el clítoris al introducirse en la vagina.

En los humanos, la adopción de la postura vertical supuso un mayor problema en la hembra que en el macho. En el resto de los animales, como los reptiles y otros mamíferos, el clítoris está pegado a un hueso, lo que garantiza su estimulación al entrar el pene.

El hecho de adoptar la postura erguida y andar con sólo dos extremidades, hizo que, en la hembra humana, el clítoris se distanciara de la vagina moviéndose hacia delante. ¿El resultado? La penetración por parte del macho no estimula directamente el clítoris.

Por otra parte, el bipedismo libera las dos extremidades superiores lo cual nos permite llevar a cabo más actividades con nuestras manos, entre ellas la masturbación, práctica muy utilizada por nuestros parientes cercanos, los chimpancés y orangutanes.

## ¿Quién movió **el clítoris?** **¿Dónde lo puso?**

A muchos sexólogos no les gusta hablar del clítoris, sino del complejo o conjunto clitorial. Así lo llamó Mary Jane

# POSICIÓN DEL CLÍTORIS EN LA HEMBRA GORILA Y EN LA MUJER

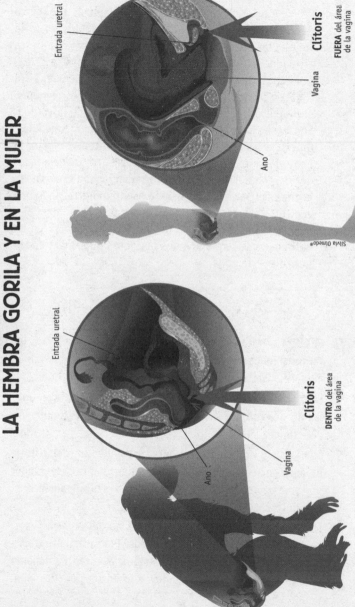

Silvia Olmedo®

**Clítoris**
DENTRO del área de la vagina

Entrada uretral

Ano

Vagina

Al presentarse el coito, el clítoris es directamente estimulado

**Clítoris**
FUERA del área de la vagina

Entrada uretral

Vagina

Ano

Al presentarse el coito, el clítoris NO es directamente estimulado

Sherfey, prestigiosa psiquiatra según la cual, al haberse desplazado el clítoris hacia delante y separado de la vagina, las terminaciones nerviosas se arrastraron hasta el glande del clítoris creando una zona de alta sensibilidad que no se reduce a éste sino que además está formada por los bulbos vestibulares, los labios menores, el prepucio del clítoris y el tercio inferior de la vagina. Son zonas muy próximas entre ellas y muy sensibles. Gracias a las nuevas técnicas que permiten ver mejor la anatomía interna de la mujer (como la resonancia magnética), se han descubierto terminaciones nerviosas en la zona del perineo (zona de la esponja uretral) que han vuelto el orgasmo femenino un proceso más complejo, pero más intenso, que el del hombre al tratarse de un entramado de terminaciones nerviosas que se extienden por toda esta zona.

## LO QUE DEBES SABER DEL CLÍTORIS

♀ El clítoris no es sólo lo que ves, sino gran parte de las terminaciones nerviosas internas alrededor de los labios menores. Por eso es mejor llamarlo conjunto clitorial.

♀ La mayoría de las mujeres llegan al orgasmo por la estimulación del conjunto clitorial, no sólo por la estimulación del glande.

♀ El orgasmo vaginal sin ninguna estimulación del clítoris es muy poco frecuente. Muchas mujeres que dicen tener un orgasmo vaginal, se estimulan simultáneamente el conjunto clitorial.

♀ Las ideas de Freud sobre la superioridad del orgasmo vaginal sobre el clitoriano eran erróneas. Prácticamente, todas las corrientes psicológicas y sexológicas están de acuerdo en que el orgasmo más frecuente e intenso es el clitoriano.

# CONJUNTO CLITOIDAL

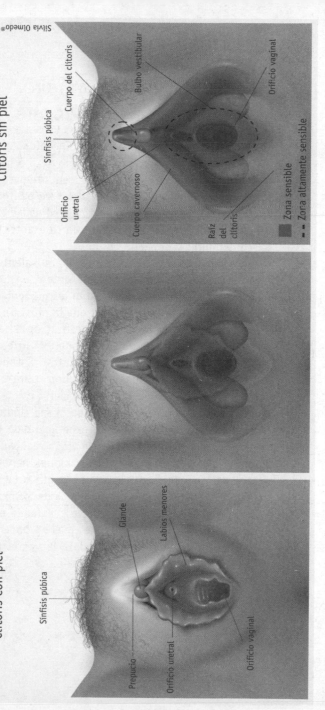

Silvia Olmedo®

**Clítoris con piel**

- Sínfisis púbica
- Prepucio
- Glande
- Orificio uretral
- Labios menores
- Orificio vaginal

**Clítoris sin piel**

- Sínfisis púbica
- Cuerpo del clítoris
- Orificio uretral
- Cuerpo cavernoso
- Bulbo vestibular
- Raíz del clítoris
- Orificio vaginal

Zona sensible
Zona altamente sensible

# 🍎 El punto G: ¿Es un mito o yo nunca lo encontré?

Se llama punto G por el apellido del ginecólogo que lo descubrió: Ernest Gräfenberg. Este ginecólogo dijo haber encontrado un punto extremadamente placentero que podía incluso provocar orgasmos al estimularlo. Este punto lo localizó en la parte interna de la vagina, aproximadamente a unos tres centímetros de la entrada, en la cara anterior, entre el hueso del pubis y el cuello del útero.

Hay personas que dicen que es el equivalente a la próstata masculina, un punto muy placentero en los hombres. Lo cierto es que en esta zona están las glándulas de Skene, pequeñas glándulas que, al igual que la próstata, liberan un líquido (varían de tamaño y de localización). Hace un año, el King's College en Reino Unido publicó un estudio en el que descartaba la existencia del punto G. Entonces, ¿existe o no? Probablemente no exista un punto tan sensible como del que hablaba Gräfenberg, pero lo cierto es que en la zona donde se localizan las glándulas de Skene (lugar en el que muchas mujeres, en teoría, han experimentado el punto G) es altamente sensible. También se están realizando estudios tratando de explorar si las terminaciones nerviosas procedentes del complejo clitoriano llegan allí o la sensibilidad está más relacionada con las glándulas de Skene.

Llegar al orgasmo únicamente estimulando esa zona resulta difícil, pero muchas mujeres pueden hacer que su orgasmo se intensifique estimulando a la vez el clítoris y la zona llamada del punto G.

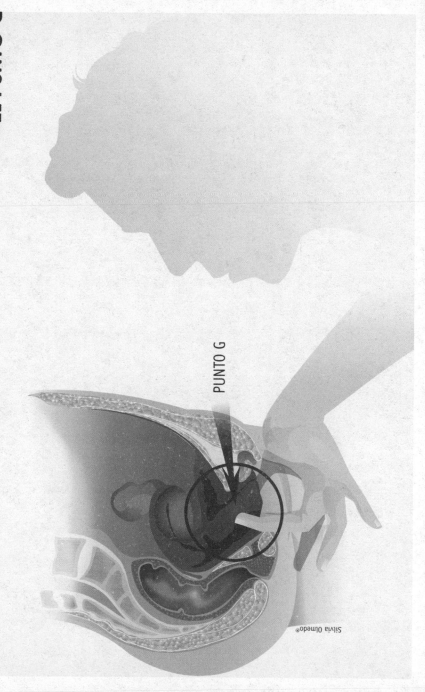

PUNTO G

Silvia Olmedo®

# El orgasmo

E l orgasmo es el momento máximo de placer sexual. En el hombre normalmente viene acompañado por la eyaculación y algunas mujeres pueden liberar cierto líquido. Tanto en el hombre como en la mujer, se producen contracciones genitales y musculares (hay personas en las que llegan hasta los pies). Actualmente nos estamos centrando demasiado en llegar al orgasmo y estamos restando importancia a las sensaciones alrededor de éste. Igual que cuando degustamos un plato de comida, disfrutar cada bocado es tan importante como saciarse.

## ¿Existe el hombre multiorgásmico?

Siempre se habla de mujeres multiorgásmicas. Sí, hay mujeres que tienen varios orgasmos en una sola noche, pero eso no implica una mejor o peor relación sexual que la que tiene uno y lo disfruta mucho. Tampoco significa que el hombre sea mejor o peor amante. En algunas mujeres la sensación del orgasmo es tan intensa y provoca una avalancha de sensibilidad tan grande que literalmente no quieren ni necesitan otro. En otros casos depende mucho de la mujer y del momento. Mucha gente me pregunta si el hombre puede ser multiorgásmico. La respuesta es sí, pero es mucho más difícil que en la mujer, ya que en la gran mayoría de los hombres el orgasmo va acompañado de la eyaculación.

En esta sociedad, que da una importancia excesiva a la cantidad y no a la calidad, para muchos el multiorgasmo es casi un imperativo para tener una sexualidad completa. Esto es completamente erróneo pues en el hombre, el periodo de recuperación para volver a excitarse (o periodo refractario) es más largo. Tanto en el hombre como en la mujer, no se trata de una cuestión de cantidad sino de calidad.

# ¿Y la orientación
## sexual al mismo sexo?

###  ¿De qué me sirve lo leído en este libro si soy homosexual?

En términos de sexualidad, las fases de la respuesta sexual (deseo, excitación, meseta, orgasmo y resolución) son muy parecidas. Si tu orientación sexual es hacia personas del mismo sexo, la fase de deseo y tu excitación también lo serán; el resto de las fases de la respuesta sexual son cambios físicos que se deben a la respuesta fisiológica de tu cuerpo.

### Una persona homosexual, ¿nace o se hace?

Cada vez hay más estudios científicos al respecto por lo que se puede decir que la gran mayoría de las personas que son homosexuales –o aquellas que puntúan entre 5 y 6 en Kinsey– nacen. El argumento utilizado por muchas personas para justificar que el homosexual se hace es que muchos de

♀

ellos han tenido relaciones con heterosexuales. Esto es cierto. Sin embargo, hay hombres y mujeres heterosexuales que quizá han tenido relaciones sexuales con gente del mismo sexo y no se les considera homosexuales. En ocasiones es parte del proceso de exploración de su propia orientación sexual, pero en otras (y esto pasa bastante entre las mujeres homosexuales) se ven forzados casi socialmente a demostrar al resto de la sociedad que han probado con hombres y no les ha gustado. Curiosamente, a los heterosexuales no se les dice: "Prueba con alguien del mismo sexo y si no te gusta, eres heterosexual".

# Las rarezas del sexo.
## ¿Qué son las parafilias?

Las parafilias son aquellas situaciones de "activación sexual ante objetos o situaciones sexuales que no forman parte de las conductas habituales". Sin embargo, que no formen parte de las conductas habituales no quiere decir que sean buenas o malas. Una parafilia puede considerarse algo negativo cuando produce un daño a terceros o a nosotros mismos, o cuando tiene un carácter desmesurado u obsesivo. Un ejemplo es el voyeurismo. Si a ti te gusta ver a otras personas teniendo relaciones sexuales y ellas están de acuerdo en que las veas, esa parafilia no implica nada negativo. Si por el contrario, espías a gente sin su consentimiento, entonces sí sería algo negativo.

### Exhibicionismo

En este tipo de parafilia, a la persona exhibicionista le excita enseñar los genitales o ser vista mientras tiene relaciones sexuales. Este tipo de práctica no es necesariamente un delito o algo malo si la persona que observa lo quiere hacer y no se vuelve una obsesión. Entre parejas se da con bastante frecuencia. Si ambos acceden, ser observados de manera voluntaria por otros, puede ser un juego erótico entretenido; además, hay lugares especializados en esta práctica.

##  Voyeurismo

Excitación sexual que se produce al observar a otras personas tener relaciones sexuales o actos íntimos. Hay gente que se dedica a observar a otras personas mientras tienen relaciones íntimas sin que éstas lo autoricen, incluso pueden llegar a grabarlas. Esto está mal porque estamos haciendo daño a otras personas, incluso es considerado como un delito. Si la persona a la que se mira es consciente de que la observan puede considerarse parte del juego erótico. Si se juntan un voyeurista y un exhibicionista, ¡se podría decir que están hechos el uno para el otro!

## Masoquismo

Es un tipo de parafilia en el que la persona se excita sexualmente cuando la someten y le producen daño o humillación. Cuando se nos produce una lesión, nuestro cuerpo genera endorfinas con el fin de crear una sensación de alivio. Hay quienes encuentran placentero ceder el poder a otra persona sumando el sentimiento de alivio que se produce tras sufrir un pequeño dolor.

Si a la persona no le hacen un daño físico real que ponga en riesgo su salud o la de su pareja y no se vuelve una obsesión, puede ser parte del juego erótico.

## Sadismo

En esta parafilia, la persona obtiene placer sexual y excitación causando dolor o humillación. Si el dolor es ligero y la pareja es masoquista, en muchas ocasiones, puede ser parte del juego erótico. Esta práctica es peligrosa y la comunicación con la pareja debe ser muy buena para no causar daño al otro.

Hay otro tipo de sádicos que pueden causar mucho daño a otras personas, éstos obtienen excitación sexual exclusivamente causando dolor a otras personas o viendo el sufrimiento de ellas. A mayor dolor y sufrimiento, mayor es su excitación. Chikatilo, el asesino en serie más terrible de la Unión Soviética, era un psicópata que llegó a cometer 53 asesinatos. El carnicero de Rostov, como también lo llamaban, estaba casado y, según su esposa, padecía disfunción eréctil y prácticamente carecía de deseo sexual. Su excitación provenía de causar daño y dolor extremo a sus víctimas (las cortaba, amputaba y cometía numerosas atrocidades).

## Fetichismo

Esta parafilia es bastante común. La persona se excita con objetos o partes del cuerpo de una persona. Si no excluye a la pareja y es parte del juego erótico, el fetichismo no tiene por qué tener un impacto negativo. El problema es cuando las personas se excitan exclusivamente con eso y dejan de lado a la pareja. Si a tu pareja le excita verte en tacones, se trata de un fetichismo sano, incluso puedes llegar a tener una gran colección de zapatos. Pero si se olvida de ti y sólo se centra en tus zapatos o en tus pies, ese fetichismo podría ser una parafilia negativa ya que se vuelve una obsesión para el fetichista y deteriora su vida de pareja.

## Zoofilia

En este caso, la excitación sexual se da al tener relaciones sexuales con animales. La zoofilia es más común de lo que pensamos. En muchos casos, hombres que han estado aislados del contacto humano reportan haber tenido este tipo de relaciones. La prueba de que existe esta parafilia está en la transmisión de enfermedades de los animales hacia el hombre, o viceversa. Entre los animales es una práctica poco frecuente pero también se llegan a dar relaciones sexuales entre distintas especies.

## Autoasfixia erótica

Es una práctica sexual muy peligrosa, bastante gente ha muerto a causa de ella. Consiste en colocar una cuerda o un pañuelo de seda en el cuello, para impedir que la sangre llegue al cerebro. Esto hace más intensas las sensaciones, en especial el orgasmo.

## Pedofilia

Es una parafilia en la que la excitación o el placer sexual se obtienen, principalmente, a través de actividades o fantasías sexuales con niños o niñas prepúberes (menores de 12 años). Normalmente, al pedófilo no le excita el género del niño sino el hecho de que es niño. Si bien hay pedófilos que no llegan a consumar sus actos, el hecho de que vean pornografía infantil ya es un delito, pues colaboran con redes de abuso de menores. Cada vez hay más niños abusados sexualmente y sus imágenes son expuestas en internet. La gran mayoría de los pedófilos son hombres y quienes ejecutan el abuso sexual suelen ser conocidos por el niño o la niña. Chantajean al niño o lo amenazan, de tal modo que éste mantiene el acoso en silencio. Si notas que el comportamiento de tu hijo o de tu hermano cambia, si su vocabulario incluye palabras relacionadas con el sexo propias de adultos, si tiene miedo, moja la cama o de pronto no quiere ir con un adulto, estos

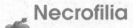

pueden ser indicios de que es víctima de un acoso sexual.

## Necrofilia

Es una parafilia en la que la persona siente atracción sexual y excitación hacia los cadáveres. Como produce daños a terceros, esta parafilia es un delito que puede llevar a la cárcel.

## Urofilia

Excitación sexual que se produce al orinar sobre la pareja o al observarla hacerlo. En ciertas situaciones, algunas personas incluso llegan a beber la orina. Si la pareja lo consiente, puede ser parte del juego erótico. Esta práctica también se llama lluvia dorada. En el reino animal, la orina se utiliza para marcar el territorio, la asociación indirecta podría ser la idea de dominación, pertenencia y poder.

## Coprofilia

Es muy parecida a la urofilia, sólo que la persona experimenta placer sexual en todo lo relacionado con la defecación y deposición de heces sobre la pareja. Si es parte del juego erótico y es consentido por ambos no tiene por qué ser ningún tipo de trastorno. Es importante no olvidar tener una buena higiene ya que algunas bacterias que están en las heces podrían entrar accidentalmente en algún orificio (como la vagina) y causar infecciones.

## Saliromanía

Este tipo de parafilia prácticamente sólo se da en los hombres. Consiste en la excitación que produce dañar, romper o ensuciar el cuerpo de una mujer, dañar sus prendas de vestir o cualquier cosa que la simbolice. En algunos casos se busca dañar cualquier representación femenina, como fotografías, pinturas o esculturas. Incluso algunas obras de arte han llegado a sufrir daños. Este tipo de parafilia podría estar encubriendo un odio a la mujer y podría derivar en delitos.

# Grandes mentiras
sobre la sexualidad

**A**unque el tipo de dudas que tiene la gente sobre su sexualidad es muy variado, los mitos de los que voy a hablar a continuación son los que aparecen frecuentemente. Muchos de ellos impactan seriamente en nuestro bienestar sexual.

## Sobre el orgasmo vaginal

La mujer debe alcanzar el orgasmo mediante
la penetración vaginal.

**Falso.** Los orgasmos que se consiguen al estimular el conjunto clitorial son los que tienen la mayoría de las mujeres. Aquellas mujeres que dicen llegar al orgasmo a través de la estimulación de la vagina, son una minoría, incluso tras un análisis más detallado se ha comprobado que estimulan indirectamente el conjunto o complejo clitorial.

Las ideas de Freud sobre la sexualidad que consideraban al orgasmo vaginal como el idóneo, impactaron de forma tan negativa en muchas mujeres que todavía hoy siguen buscando ese orgasmo vaginal tan cacareado siendo esto fuente de insatisfacción sexual para ellas. Freud distinguía dos tipos de orgasmos: el clitoriano y el vaginal. Erróneamente, consideró al orgasmo clitoriano como infantil y al vaginal como el de la mujer madura y esto hizo que muchas mujeres buscaran curación a un padecimiento que no existía. Como decía, un gran número de mujeres sigue creyendo esto y siente una enorme insatisfacción en sus relaciones sexuales.

## 🍎 La ninfomanía

La mujer que quiere tener más sexo que su pareja, es una ninfómana.

**Falso.** La mujer a la que le gusta tener relaciones sexuales con mayor frecuencia que a su pareja, simplemente tiene un mayor apetito sexual. Cualquier conducta que se vuelva obsesiva y te quite libertad y autonomía, puede representar un riesgo para tu salud, incluso volverse un trastorno obsesivo-compulsivo. El equivalente de la ninfomanía en el hombre sería la satiriasis, pero este término nunca se usó ya que no se consideraba como algo negativo. Si tu conducta sexual se vuelve obsesiva y te quita la libertad para desarrollarte como persona, podrías padecer una adicción al sexo o un trastorno obsesivo-compulsivo, tanto si eres hombre como mujer. En ese caso, sería recomendable que acudieras con un psicólogo.

## 🍎 Punto G

El mejor orgasmo es a través del punto G.

**Falso.** Los últimos estudios realizados demuestran que muchas mujeres no tienen tanto placer al estimular esa zona

 188

y aún más, difícilmente llegan al orgasmo a través de su estimulación. Si bien se trata de una zona erógena que puede intensificar los orgasmos en algunas mujeres, ésta no se compara en términos de placer con el clítoris.

## Prevención del embarazo

Los métodos naturales de prevención del embarazo son seguros.

**Falso.** Los métodos naturales para prevenir el embarazo (ovulación o billings, Ogino o del calendario, temperatura basal y moco cervical) se llaman así porque no se utiliza ningún anticonceptivo, optando por la abstinencia sexual en ciertos días. Según estos métodos, durante el ciclo de la mujer hay días en los que se puede quedar embarazada y en otros no. El problema que tienen estos métodos es que no son seguros ya que cualquier situación que implique un pequeño cambio, tomar vuelos, estrés o enfermedad puede desregular el ciclo de la mujer y ponerla en riesgo de embarazarse. Recuerda, existen mujeres que se han quedado embarazadas en los días de su menstruación, que en teoría son días poco fértiles.

## La primera vez

La primera vez que tienes relaciones sexuales no quedas embarazada.

**Falso.** La primera vez que tienes una relación sexual con penetración vaginal no sólo puedes quedar embarazada si no utilizas un anticonceptivo, sino que también te pueden contagiar una enfermedad de transmisión sexual. Por estas razones, a partir de la primera vez hay que utilizar también condón: te protege de enfermedades de transmisión sexual y previene un embarazo no deseado.

##  Lactancia

> Si la mujer está amamantando a un bebé
> es imposible quedar embarazada.

**Falso**, aunque la probabilidad de quedar embarazada es muchísimo más baja. Cuando la madre está amamantando no tiene la menstruación, a esto se le llama amenorrea de la lactancia. Cuanto más crezca el bebé, más irregulares son las tomas y la posibilidad de embarazarte es mayor. Para que una mujer tenga plena seguridad de que no se puede quedar embaraza, lo mejor es que hable con su ginécologo para que le recete un método anticonceptivo no contraindicado con la lactancia.

## Marcha atrás

> La marcha atrás o coito interrumpido es eficaz
> para evitar el embarazo.

**Falso.** Con el método de la marcha atrás una mujer se puede quedar embarazada además de ser una práctica poco saludable para el hombre. El método consiste en tener sexo sin ningún tipo de anticoceptivo y retirar el pene de la vagina cuando el hombre identifica que está a punto de eyacular, evitando así dejar su semen en la vagina y embarazar a la mujer. Pues bien, la realidad es que antes de la eyaculación, se expulsa el líquido preseminal, líquido que viene de la glándula de Cooper y puede contener espermatozoides. El momento en el que hombre va a eyacular produce una pequeña sensación que ayuda a idenficarlo pero sin embargo, la expulsión del líquido preseminal no viene asociada a ninguna sensación. El hombre no lo puede indentificar por lo que lo deposita en la vagina y puede llegar a embarazar a una mujer además de que la pareja puede ser contagiada de una enfermedad de transmisión sexual. El *coitus interruptus* tampoco es recomendable para la salud del hombre, puedes acabar dañando tu próstata.

## Test de embarazo

Los test de detección del embarazo
de las farmacias no son fiables.

**Falso,** la gran mayoría de ellos sí son fiables. El problema se presenta cuando la prueba de embarazo se hace antes de que, teóricamente, nos tuviera que venir la primera regla. Si está embarazada, siete días después del día que se ha retrasado la mestruación, la mujer va a liberar la hormona HCG que aparece cuando se empieza a formar la placenta. Si el test de embarazo es de un laboratorio reconocido y se hace 7 días depués del día que te tendría que haber venido la regla, con la primera orina de la mañana, esta prueba es bastante fiable.

## Sexo oral y ETS

El sexo oral me previene de cualquier
tipo de enfermedad de trasmisión sexual.

**Falso,** ya sea que tú se lo practiques a tu pareja o viceversa, las relaciones bucogenitales sin protección te pueden trasmitir enfermedades de trasmisión sexual. El riesgo es bastante menor que las relaciones sexuales con penetración pero también existe.

Usar condon cuando se le practica sexo oral a un hombre o una presa dental cuando se practica a la mujer, nos va a proteger de una enfermedad de trasmisión sexual.

## Parejas sexuales

Si mi pareja sólo tuvo otra pareja sexual
no me puede transmitir ninguna ETS.

Falso. Aunque tu pareja sólo haya estado con X, no sabemos cuantas relaciones sin protección tuvo X antes de estar con tu pareja. Si decides tener relaciones sin protección, acude a un laboratorio y que les hagan a ambos todas las pruebas, VIH, Herpes y Sífilis. No es que no confies en tu pareja actual, simplemente no conoces a sus parejas anteriores y, probablemente, tu pareja tampoco.

## La relación de los padres

Los padres deben esconder toda conducta
entre ellos que tenga un contenido sexual.

Falso. El que los niños vean actos de intimidad, ternura y cariño entre sus padres les va a enseñar a intimar mejor con futuras parejas. La educación sexual, en realidad, comienza con la educación de los afectos. Si los padres expresan de una manera sana sus sentimientos, los hijos van a aprender en el futuro a expresarse mejor en pareja. En la medida en que los padres tengan una relación natural y sana con su sexualidad, así la trasmitirán a sus hijos.

Si un niño pregunta que hacen en la cama mamá y papá, la respuesta de los padres puede ser "querernos" en lugar de "nada". Curiosamente, nuestra forma de socializarnos y nuestra sexualidad se ha hecho muy complicada y necesita de un aprendizaje. Aquellos que dicen que es una conducta innata, no están en lo cierto.

Los primates que están dentro de una tribu o red, observan desde su infancia las conductas eróticas y comienzan a imitarlas sobre todo cuando llegan a la pubertad. Aprenden acerca de estimulación erótica y de posiciones de coito a través de la observación de esas conductas en otros; esto se llama también aprendizaje vicario. Aquellos primates que han crecido solos, cuando son adultos no saben aparearse y tampoco han aprendido habilidades relacionadas con el cortejo.

Esto no quiere decir que no se guarde una intimidad en los encuentros sexuales entre los padres, pero que las conductas de afecto no se escondan y que el sexo sea visto como una forma de conseguir placer entre los adultos y no como algo sucio, es básico para el desarrollo de una sexualidad satisfactoria.

Merece la pena que recapacitemos sobre dónde están aprendiendo educación sexual los jóvenes; ya que el deseo va a aflorar en la pubertad más allá de que hablemos o no de él. La mayoría de los jóvenes aprenden sobre las conductas sexuales a través de internet o revistas pornos, descontextualizando así una relación sexual de cualquier sentimiento, a la vez que se muestran sólo las prácticas que excitan a uno de los dos, en la mayoría de los casos, al hombre.

## 🍎 Después de la maternidad

*Después de dar a luz, la mujer pierde el interés sexual.*

**Falso.** Sí hay aspectos que le pueden impedir tener unas relaciones plenas o satisfactorias. Algunos factores como el agotamiento, el estado constante de alerta al pensar que el bebé puede necesitar algo y su autopercepción negativa, ya que se ven muy desmejoradas, pueden impactar en la pérdida del interés sexual. En estos casos, proporcionar ayuda, favorecer el que se recupere ella o su independencia, que tenga sus propios tiempos para ella sola (y que aprenda a tomárselos pues muchos padres se ofrecen cuidar a los hijos pero las madres son incapaces de delegar) puede mejorar bastante la situación.

## Mujeres mayores de 30

Despues de los 30, el deseo sexual
de la mujer decrece.

Falso. A partir de los 30, muchas mujeres se sienten más seguras sexualmente hablando, conocen mejor sus genitales y tienen un mayor deseo de explorar su sexualidad y satisfacerla.

## El orgasmo de una mujer

Si una mujer no alcanza el orgasmo,
es culpa del hombre.

Falso, al igual que el hombre, la mujer sabe cómo disfrutar de su relación sexual, conoce sus puntos de placer, cómo satisfacerse y cómo decirle al hombre que la satisfaga. La mujer tendría que autoconocerse mejor con el fin de comunicar a su pareja aquellas prácticas que le dan mayor placer. El famoso dicho de "él nunca me satisfizo", tendría que ser cambiado por "si yo nunca conseguí un orgasmo sola ¿cómo voy a conseguirlo con él?" Si eres hombre no dejes que te hagan chantaje emocional, no te dé verguenza preguntar; recuerda que las mujeres somos chelos.

##  La masturbación

La masturbación puede causar que te salgan
granos y ceguera.

**Falso**, además de producir un gran placer, sirve para conocerse
mejor. Nos ayuda a conocer mejor las zonas de mayor placer al
estimularlas. La masturbación no causa ceguera ni salen más
granos ni representa un peligro para la salud. Todas estas men-
tiras se crearon en el pasado porque se pensaba que producía
una disminución de la virilidad en el hombre. Esta creencia no
sólo estaba implantada en la cultura occidental, los chinos pen-
saban de manera parecida asociando la eyaculación a pérdida de
virilidad. Repito, además de ser una fuente de placer tanto en
el hombre como en la mujer, ayuda a conocernos más y mejor.

## Los niños y el sexo

Un niño que se toca los genitales
es un depravado.

**Falso.** Se le debe decir al niño o a la niña que esas conductas
se deben hacer en privado pero no se tienen que castigar ni pe-
nalizar. El hacerles sentir culpables por disfrutar de estimularse
zonas que le producen placer puede impedir un desarrollo sano
de su sexualidad y desde niño asociará la sexualidad con culpa,
especialmente en las niñas, quienes pensarán que no deben de
tocar sus genitales y los deben ignorar. Estas conductas son
muy distintas a la masturbación de los adultos, el niño y la
niña simplemente están conociendo y reconociendo una parte
de su cuerpo que al estimularla produce placer. En conclusión,
al igual que les decimos que el acto de ir al baño es un acto
íntimo y privado, la exploración y la estimulación genital de los
niños es lo mismo, se les debe decir: "Hazlo en la intimidad".

#  La homosexualidad

La homosexualidad tiene cura.

**Falso.** La homosexualidad no necesita curarse porque no es una enfermedad. En 1973 el DSMIII (Manual de diagnóstico y estadístico de los trastornos mentales) lo rectificó. La ciencia no siempre es objetiva y se contamina de todo tipo de juicios morales. En el pasado se llegó a someter hasta a eletroshocks a gente homosexual para "curarlos". La ciencia es una disciplina creada por hombres y en muchos casos la moral imperante se ha puesto por encima de los hechos propiamente científicos.

# Salir del clóset

Si eres homosexual, es mejor que salgas cuanto antes del clóset.

**Falso.** Sólo cuando tú te sientas preparado y quieras. No hay que apresurar esa decisión hasta que no hayas analizado las consecuencias y estés preparado para afrontarlas. A todos nos gusta que nos quieran tal y como verdaderamente somos -incluída nuestra orientación sexual- en especial la gente que queremos; por eso la gran mayoría de nosotros buscamos esa aceptación. Si decides comunicar a tu familia tu orientación sexual, planifica una estrategia de cómo hacerlo, a quién decírselo primero. Prepara a tu gente antes de comunicarles tu orientación sexual, explora qué creencias tienen sobre la homosexualidad y proporciona referentes positivos que rompan esterotipos negativos; por ejemplo, busca ingenieros, astronautas o gente brillante con orientación sexual hacia el mismo sexo. Piensa la manera de decirlo y el momento, no elijas un cumpleaños o una fecha familiar.

Al igual que a ti te tomó tiempo, dale tiempo a tus familiares para que lo asimilen, no les guardes rencor si en su momento reaccionan mal, muchos de nuestros miedos nos hacen reaccionar de manera agresiva y los miedos están basados en la ignorancia. Los padres quieren lo mejor para sus hijos, que sean felices. Lo más importante es hacerles entender que parte de tu felicidad radica en que seas amado tal como eres.

## La circuncisión

Todos los hombres tienen que ser circuncidados.

**Falso.** La práctica de la circuncisión se realizaba por razones de higiene y religiosas. Quitando el prepucio, la tela que recubría el pene, se evitaba que se acumulara suciedad. Lo cierto es que ahora disponemos de duchas y al igual que no nos cortamos el pelo por no tener piojos, el quitar a todos los hombres esa tela que protege el pene no está justificado médicamente. En algunos países como Estados Unidos, México, o países cuya religión lo pide, o como medida de higiene, sí se sigue haciendo.

Hay estudios que dicen que el circuncidar al hombre supone quitarle una gran sensibilidad. Si padeces de fimosis entonces hay una indicación médica por la que sí es recomendable y necesario que te hagan la circuncisión. Si tienes fimosis, el prepucio no se desplaza bien hacia la base del pene cuando tienes una erección y te puede producir un dolor muy fuerte impidiéndote tener relaciones sexuales. Muchos se dan cuenta de que padecen de fimosis porque sus erecciones son muy dolorosas.

# 🍎 Sexo anal, estimulación prostática

El hombre que le gusta el masaje o estimulación prostática es homosexual.

**Falso.** Lo que estimulas es la próstata y no el ano. Es una parte altamente sensible en los hombres y la mejor manera de estimularla es a través del ano. Esta práctica no cambia tu orientación sexual, simplemente puedes añadir placer a tu relación sexual.

# 🍎 Sexualidad en los hombres

El hombre no puede controlar su impulso sexual.

**Falso.** Lo puede controlar al igual que controla otras funciones. Esto se ha utilizado como excusa durante mucho tiempo para justificar infidelidades o la pérdida del control en una relación sexual. En muchos países es utilizado como eximente de culpabilidad frente a una violación. Si eres hombre y sabes que te cuesta controlarte, en vez de justificarlo, identifica ese punto de pérdida de control con el fin de no acercarte a él. Si sabes que tienes pareja y que si te vas con una mujer a cenar te va a costar decir que no a una relación sexual, simplemente, no lo hagas.

# 🍎 La pérdida de la virginidad

La primera vez que tienes una relación sexual con coito todas las mujeres sangran.

**Falso,** no todas sangran. Depende mucho de cómo es tu himen. Si tienes un himen flexible, tipo más común en México que en Europa, puede que no sangres nunca. También puede pasar que tu himen sea tan frágil que se hubiera rasgado con cualquier actividad que hayas hecho, aunque fuera un poco brusca. El tener el himen o no, tendría que dar igual, ya no estamos en la Edad Media donde se volvía a coser (tambien llamado virgo) con el fin de demostrar que la doncella era pura, casta y sobre todo inexperta. Ya no hace falta "hacer virguerías", así se llamaba al coser el himen. Por otra parte, ni a los hombres ni a las mujeres nos hace ni mejor ni peor persona el haber tenido relaciones sexuales con penetración.

## Efectos físicos del sexo

El sexo ensancha las caderas de las mujeres.

**Falso.** Una relación sexual no ensancha las caderas de ninguna mujer ni cambia el cuerpo, este tipo de falsa creencia se difunde para asegurarse de que la mujer no tenga relaciones sexuales. Desgraciadamente, estos mitos urbanos son muy comunes entre los jóvenes.

## Llegar al orgasmo al mismo tiempo

En una relación sexual ambos tienen que acabar a la vez.

**Falso.** Los tiempos de excitación y orgasmo son muy distintos dependiendo de las personas. El objetivo es disfrutar y no que lleguen a la vez como en el nado sincronizado. Tampoco acabas de comer con tu pareja exactamente al mismo tiempo y no supone un fracaso. Esto de llegar a la vez lo hemos aprendido de las películas de Hollywood, las telenovelas no tienen tantas escenas de cama. Cuando veo en una película, aunque sea del Oeste, una escena de cama en la que ambos llegan al orgasmo a la vez, para mí pierde la credibilidad.

##  El sexo y la pareja

En una relación sexual ambos tienen que disfrutar de las mismas cosas.

**Falso.** Al igual que cuando quedas con tu pareja a comer, ambos no comen los mismos platos y disfrutan de distintas cosas, no tienen por qué disfrutar sexualmente de lo mismo. El objetivo es darse placer y disfrutar ambos aunque sea de cosas distintas.

## Las opciones en el sexo

Si no hacemos todo en el sexo, nuestra relación sexual es incompleta.

**Falso.** No dejes que nadie te dicte lo que debes hacer con tu vida y menos los medios de comunicación y las películas porno. De estas películas habría que desaprender muchas prácticas. Lo que te gusta a ti, otra persona lo puede detestar y probarlo todo por tacharlo en tu agenda te puede llevar a hacer auténticas aberraciones.

Hay parejas que se atrevieron al famoso trío o al intercambio de parejas (*swingers*) y el que uno de ellos fuera forzado a esa práctica acabó rompiendo la relación. La gran mayoría de nosotros no necesitamos que se nos diga cómo saborear un buen plato de comida y menos que nos fuercen con algún tipo de chantaje. El sexo tiene que ser consentido, no impuesto.

## Tamaño del pene

Cuanto más grande el pene más placer da a la mujer.

**Falso.** La parte interna de la vagina y el fondo tienen pocas terminaciones nerviosas por lo que no sienten apenas placer, esto hace que durante el momento del parto las mujeres no sufran tanto al ensancharse para dejar salir al bebé. Si un pene es muy largo, puede golpear el fondo de la vagina y el cuello del útero produciendo molestias, incluso dolor en las estructuras internas de la pelvis. Si es un micropene, menos de 7 a 10 centímetros en erección, dependiendo de la raza, podría también dificultar la relación sexual.

## Frecuencia de las relaciones sexuales

Mientras más relaciones sexuales tengas, mejor.

Falso. Las relaciones sexuales no son un ejercicio gimnástico, ni cuantas más tengas mejor, el sexo involucra emociones e intimidad. Con el sexo está pasando lo mismo que con los alimentos, no estamos acostumbrados a autoregularnos. El hecho de poder abrir el refrigerador y comer lo que queramos no quiere decir que acabemos con toda la comida que hay dentro. Con el sexo ocurre lo mismo, el hecho de que esté más disponible que nunca no quiere decir que tengamos una relación sexual siempre que se presente la oportunidad. Como consecuencia de esa gran disponibilidad de sexo y comida en la actualidad hay tantos obesos y empieza a haber mucha gente adicta al sexo. En una relación sexual no tenemos que usar o consumir a la otra, se debe de compartir. Si lo que quieres es desahogarte, puede ser mucho menos arriesgado el que te autoestimules a que te expongas a riesgos innecesarios como irte con alguien que no conoces. La calidad frente a la cantidad te hace mejor amante; es mejor descubrir el cuerpo de una pareja en profundidad que tener muchos rapidines. El paralelismo del *fast food* se puede utilizar con el *fast sex*: te sacia pero no te alimenta.

## 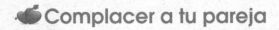Complacer a tu pareja

Hay que hacer todo lo que te pide tu pareja
(sexo anal).

**Falso.** Hay muchas mujeres que se sienten coaccionadas por no querer hacer determinadas prácticas, me estoy refiriendo al sexo anal. Para muchas mujeres es una actividad muy placentera, a otras simplemente no les gusta. Recuerda que el ano es un orificio de salida, requiere lubricación ya que carece de ella y además mucho cuidado por parte de la pareja para evitar desgarres. Si no lo quieres hacer, no dejes que utilicen cualquier tipo de coacción ni chantaje emocional para conseguir que cedas.

## Sexo y la edad

Los mayores no disfrutan del sexo.

**Falso.** Si están sanos, al igual que los jóvenes, pueden disfrutar de relaciones plenas. Una persona mayor puede disfrutar tanto o más de un buen plato de comida, probablemente su apetito sea menor que el de un jóven, pero el placer de saborearlo puede ser incluso mayor. Es muy importante que desde jóvenes cuidemos el buen estado de nuestra salud, de nuestro cuerpo, para disfrutar de una vejez activa tanto en el plano sexual como en todos los demás. Hay gente vieja a los 30 y hay gente jóven a los 60. Si maltratas tu cuerpo alimentándolo mal, tomas drogas y ejerces un estilo de vida poco saludable, a tus 40 probablemente seas físicamente un abuelo. Por otra parte, cada vez envejecemos más tarde, ahora tenemos en términos físicos 10 años menos de los que tenía una persona en los años 50. Es una cuestión de actitud, no es que Madonna vaya de joven es que su cuerpo es más atlético, ágil y fuerte que la mayoría de las mujeres de 35.

*Escribir es como hacer el amor. No te preocupes por el orgasmo, preocúpate del proceso.* Isabel Allende

## Capítulo 4

# Manual
# de emergencias
# para el **Sexo**

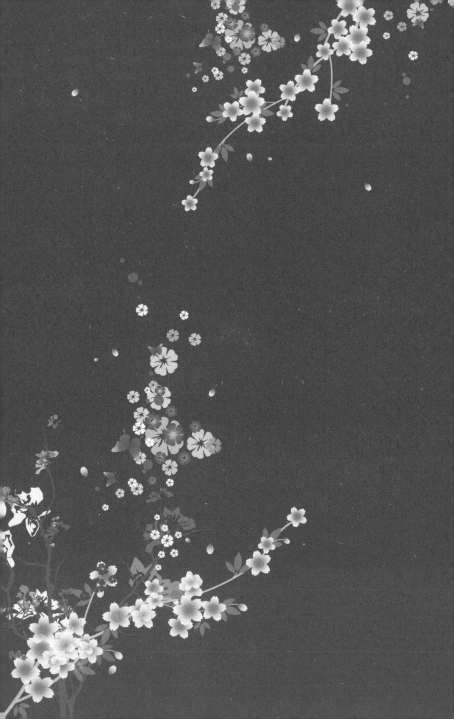

# Razones
por las que una relación sexual no funciona

## 🍎 Los problemas físicos: cómo impactan en la sexualidad

En las relaciones sexuales hay muchos aspectos que pueden fallar. El proceso de sentir deseo, excitarse, disfrutar y llegar a un orgasmo, es mucho más complejo de lo que pensamos. El cuerpo humano establece prioridades, y el instinto de supervivencia es el más importante. Ya comentamos que la gran mayoría de nosotros lo primero que buscamos es sobrevivir, estar a salvo. Una vez sastisfecho este instinto, surge el deseo sexual o instinto de reproducción, aunque no es tan fuerte como el de supervivencia. Si nuestra salud tiene un problema, nuestro cuerpo establece prioridades, y una de las primeras cosas de las que prescinde es el sexo. Por eso es tan importante escuchar a nuestro cuerpo; no lo ignores. Cuando hay un problema en el desempeño sexual, lo primero que debemos considerar es que nuestro cuerpo nos está avisando que podemos tener un problema de salud, físico o mental.

♀

# Cómo afecta la falta de salud en nuestra sexualidad

El simple hecho de no estar bien alimentado hace que el propio cuerpo establezca prioridades y guarde las pocas energías que tiene para mantener sus funciones vitales.

Otras veces, un problema de salud nos puede ocasionar falta de deseo o de sensibilidad, incluso disfunción eréctil. Tratar la enfermedad y controlarla, en caso de que sea crónica, solucionará el problema sin necesidad de tratamiento específico para la disfunción sexual. Por el contrario, si se trata de tapar el síntoma con fármacos, el problema se puede hacer más grave. Un ejemplo claro es la diabetes; uno de los síntomas que aparecen al principio es la disfunción eréctil, es como un aviso que manda nuestro cuerpo de que algo no funciona correctamente. Si la diabetes no se trata puede causar un padecimiento más grave que es la ceguera. Desgraciadamente, existen jóvenes ciegos a causa de la diabetes, jóvenes que si en vez de ir a comprar una píldora para la disfunción eréctil, hubieran acudido al médico, habrían detectado a tiempo la diabetes solucionando su disfunción eréctil y prevenido su ceguera. Muchos jovenes, al autorrecetarse un fármaco para la disfunción eréctil, no tratan el problema subyacente, que es la diabetes, y pueden llegar a volverse ciegos. La próxima vez que tu pareja o tú tengan un problema de erección, antes de tomar cualquier cosa, acudan con un médico.

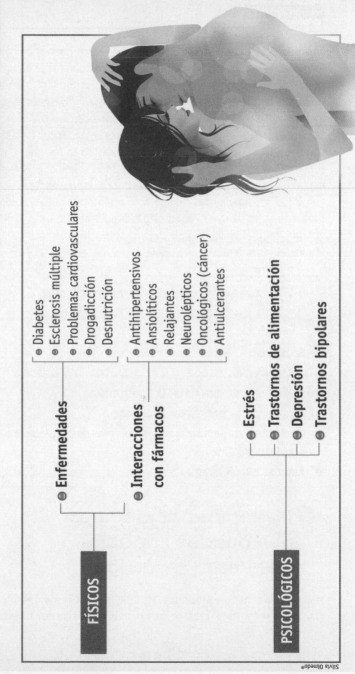

# ASPECTOS QUE IMPACTAN EN EL DESEMPEÑO SEXUAL

**FÍSICOS**

- Enfermedades
  - Diabetes
  - Esclerosis múltiple
  - Problemas cardiovasculares
  - Drogadicción
  - Desnutrición

- Interacciones con fármacos
  - Antihipertensivos
  - Ansiolíticos
  - Relajantes
  - Neurolépticos
  - Oncológicos (cáncer)
  - Antiulcerantes

**PSICOLÓGICOS**

- Estrés
- Trastornos de alimentación
- Depresión
- Trastornos bipolares

Silvia Olmedo®

En otras ocasiones, los fármacos que tomamos para tratar enfermedades, por ejemplo la hipertensión, pueden tener efectos secundarios en nuestra sexualidad como disminuir el apetito sexual, retardar la eyaculación o causar disfunción eréctil. Lo que debes tener en cuenta es que no todos causan ese efecto secundario. Si a partir de que empezaste a tomar un fármaco comenzaste a padecer un problema sexual, no te resignes a no tener una sexualidad plena. Coméntaselo al médico; el simple hecho de cambiar el fármaco puede hacer la diferencia.

Otros medicamentos, como los oncológicos (utilizados para tratar el cáncer), pueden producir agotamiento o sequedad vaginal excesiva, en cuyo caso aplicar un lubricante puede ser suficiente.

---

### FÁRMACOS QUE PUEDEN IMPACTAR EN NUESTRO DESEMPEÑO SEXUAL:

⚥ Sedantes

⚥ Antidepresivos

⚥ Medicamentos para tratar la hipertensión

⚥ Medicamentos para tratar el colesterol

⚥ Medicamentos para tratar los problemas de hiperplasia benigna de próstata

⚥ Algunas quimioterapias

---

## 🍎 Trastornos psicológicos que pueden impactar en nuestra sexualidad

Más allá de tener un problema mental, hay aspectos del día a día que pueden impactar de forma muy negativa en nuestra relación de pareja y en nuestra sexualidad. Muchas veces, sin saberlo, padecemos ansiedad o estrés, y esto afecta nuestra relación de pareja. Ciertos niveles de ansiedad son recomendables en las personas y en los animales, pues forman parte de un mecanismo corporal que nos prepara ante posibles amenazas que pueden poner en riesgo nuestra vida. Si un gorila o un león oyen un sonido inesperado en la selva, su cuerpo se prepara para correr o para atacar; segregan más adrenalina, sus músculos se contraen y su estómago se cierra. Los recursos se concentran en protegernos; nuestro sistema inmunológico también se pone en estado de alerta. Ésta es una respuesta natural de nuestro cuerpo. El instinto de supervivencia sale a flote y resta prioridad al instinto sexual o de reproducción; lo último en lo que se piensa es en reproducirse, ya que lo más importante es sobrevivir ante una amenaza.

Hoy no vivimos en la selva, pero nuestro cuerpo interpreta muchas situaciones como amenazantes o de peligro (como el miedo a no poder abarcar todo lo que se nos pide en el trabajo o un disgusto mientras conduces el auto). Incluso los mensajes sobre atentados que nos llegan a través de las noticias crean inseguridad. Sin que seamos conscientes de ello, pueden activar nuestra ansiedad. Nuestro organismo reacciona disminuyendo el instinto de reproducción y, definitivamente, causando problemas en nuestra sexualidad. Esto nos puede ocurrir a todos, y habría que tomarlo como una señal: nuestro cuerpo nos avisa que algo anda mal o que existe un problema. Escuchar a tu cuerpo y conectarte con él, en vez de ignorar sus señales, en muchos casos nos puede salvar la vida. Es increíble la cantidad de parejas con problemas en sus relaciones sexuales que con una simple semana de vacaciones, sin estrés ni presiones, resucitan la pasión.

Hay otros padecimientos psicológicos más severos, como la depresión, los trastornos bipolares o incluso las fobias, que pueden afectar de forma muy negativa nuestras relaciones sexuales.

La depresión puede impactar negativamente en tus relaciones de pareja. La falta de deseo de quien padece depresión puede ser interpretada por la pareja como un rechazo, una falta de atracción física.

También existe gente que tiene fobia al sexo, a los genitales incluso a los fluidos corporales. La gran mayoría de las fobias tienen relación con niveles excesivamente altos de ansiedad: una fobia es un miedo desproporcionado a algo. El temor nos puede hacer más precavidos, pero la fobia nos paraliza. Es lógico que tengamos cierto miedo a ser contagiados por una enfermedad, pero si nos obsesionamos, ese miedo va a aumentar y a descontrolarse hasta el punto de impedirnos llevar una vida normal. Hay personas que llegan a tener graves problemas en sus relaciones sexuales por esto, tan sólo pensar que el fluido del otro le puede tocar crea rechazo a cualquier tipo de contacto físico evitando así toda relación íntima. Pueden ser personas que sientan gran deseo pero su miedo a ser contagiados por cualquier tipo de enfermedad es tan desproporcionado que puede llegar al aislamiento físico para evitar cualquier tipo de contacto. Otro tipo de fobias relacionadas con el sexo son la fobia a la penetración o la fobia a los genitales (colpofobia), estos son padecimientos psicológicos y deben ser tratados no sólo por un sexólogo sino también por un psicólogo o psiquiatra.

# Impacto de las drogas
en el desempeño sexual

**H**ay distitnas razones que llevan a una persona a consumir drogas: divertirse, enmascarar un vacío o deficiencia, intensificar sensaciones, evadir o huir de la realidad, incluso deshinibirse.

Tener una baja autoestima –ya sea en relación con el aspecto físico o psicológico–, padecer una timidez excesiva, tener miedo a intimar con una persona o buscar ser aceptado por el grupo, son algunas de las razones por las que se puede hacer uso de las drogas. Otras personas lo hacen de una manera lúdica, para intensificar una serie de sensaciones. Y, por último, están aquellas que lo hacen para evadir problemas; en este caso, las drogas son su vía de escape. La característica común de todas las drogas es su componente adictivo. Al final, la persona va a depender de una sustancia, condicionando su vida a ella; el resultado es una pérdida de la libertad. Más allá de la adicción y la necesidad de incrementar las dosis, la gran mayoría de las drogas tienen efectos negativos –tanto físicos como psicológicos– en nuestro cuerpo.

♀

Durante los encuentros sexuales, el uso de las drogas y otras sustancias está relacionado con la necesidad de deshinibirse y de intensificar las sensaciones.

##  Alcohol

El hecho de que el alcohol sea una droga legal, no debe hacernos olvidar que es una sustancia adictiva y puede causar daño. Muchos jóvenes empiezan a beber con el objetivo de desinhibirse y perder el miedo a acercarse a alguien que les llama la atención. Si bien el alcohol puede ayudar a perder un poco la timidez y aumenta ligeramente el deseo sexual, también nos hace menos conscientes de nuestros actos y nos puede exponer a situaciones de riesgo. En términos de desempeño sexual el alcohol puede impedir que el hombre consiga su erección incluso cuando se consume en cantidades inferiores a 0.08 gramos. Algunos jóvenes beben con el fin de retardar la eyaculación pero éste método no es muy eficaz ya que la mayoría acaba sin conseguirla.

El alcohol, sobre todo si eres adicto, puede impactar muy negativamente en el deseo sexual y en la sensibilidad genital, puede causar disfunción eréctil, incluso producir un severo deterioro en la incapacidad de interactuar con otra persona a nivel íntimo. Tanto en mujeres como en hombres, el estado de semi inconsciencia puede hacerte víctima de una violación gris o exponerte con mayor facilidad a tener relaciones sexuales sin protección.

Si eres una persona tímida y bebes para deshinibirte, estás asociando el alcohol a tus relaciones sociales. Esto es una muleta, un apoyo del que te volverás dependiente, y en el futuro necesitarás el alcohol en cualquier encuentro.

Ir a un curso de habilidades sociales, analizar los pensamientos negativos que te vienen a la cabeza y transformarlos en positivos te ayudará a liberarte del alcohol como "muleta" emocional.

#  Marihuana

Hablar de los efectos de la marihuana es difícil, debido a las distintas variedades y concentraciones que existen. Si has probado esta droga u otras personas te dicen que la han probado, verás que tu experiencia puede ser muy distinta a la de ellas. Si en lo que se refiere al alcohol hay una diferencia entre ron y cerveza y sus efectos varían, ocurre lo mismo con la marihuana. Muchos tienen una imagen positiva, incluso mística de la marihuana; no la consideran una droga. El símbolo de la hoja como algo natural utilizado para usos medicinales por muchas culturas prehispánicas, ha rodeado de mística a la marihuana. Lo cierto es que la marihuana actual no tiene nada que ver con la que utilizaban las culturas prehispánicas. Ahora está sometida a una gran manipulación genética, que la hace muchísimo más concentrada. Algunas variedades de marihuana hidropónica tienen porcentajes de THC (tetrahidrocannabinol) y CBD (canabidiol) y CBN (canabinol) muy altos y adictivos, llegando a detonar graves enfermedades mentales.

La marihuana tiene efectos depresores sobre el sistema nervioso. La mayoría de las personas que consumen marihuana lo hacen para relajarse y reducir sus niveles de ansiedad, ya que les produce bienestar sin desconectarse completamente (permanecen conscientes de la realidad). Pero, ¿por qué hay gente que la relaciona con una relación sexual más satisfactoria? Esto es muy difícil de establecer; varía de persona a persona, y según el tipo de marihuana. El efecto relajante puede provocar una desinhibición que facilite las relaciones sexuales. Por otra parte, el efecto de la marihuana varía dependiendo de la proporción de THC, cuyo efecto es de euforia, incluso alucinógeno, y su porcentaje de CBD y CBN cuyo efecto es más calmante. La manera en que se consume hace también variar sus efectos, si es fumado y va de los pulmones al cerebro es un efecto muy rápido; si se come, pasa por el hígado produciendo efectos más alucinógenos. Esto explica por qué nos hablan de experiencias tan distintas; a unos los desensibiliza, retardando la eyaculación o permitiendo actividades que sin ella no creerían posibles (como el sexo anal). A otros, en cambio, les produce una mayor sensibilidad, y a algunos incluso les produce alucinaciones eróticas o de otro tipo, normalmente debido al alto contenido de THC.

## Efectos nocivos **de la marihuana**

Es muy común, mientras se consume, que la marihuana produzca resequedad en las mucosas de la boca y los ojos, así como falta de lubricación vaginal. Las mujeres que fuman marihuana deberían llevar siempre con ellas un lubricante para evitar que, con la falta de lubricación de la vagina, se rompa el condón.

Los hombres que llevan mucho tiempo fumando marihuana tienen mayores problemas de erección y pérdida del deseo sexual (baja el nivel de testosterona); además, disminuye la fertilidad. Tanto en el hombre como en la mujer, puede crearse una dependencia física y psicológica. En el caso de las relaciones sexuales, estar relajado y desinhibido es muy importante para que éstas sean placenteras. Sin embargo, conseguirlo a través de la marihuana puede condicionar su uso y así, imposibilitar que las relaciones sexuales sean satisfactorias sin ella.

## 🧅 Heroína

La heroína pertenece al grupo de los opiáceos. La morfina, fármaco que se utiliza para el tratamiento del dolor, está dentro de este grupo de drogas altamente adictivas. Esta droga no se relaciona estrechamente con una mejoría en el desempeño sexual, y sus consecuencias son muy destructivas. Su efecto en las personas es de relajación y de intromisión, prácticamente lo opuesto a la cocaína. La heroína es una droga devastadora a nivel sexual y de la salud en general, ya que puede producir daños irreversibles en todos los niveles, incluso neurológicos. Se puede fumar, pero la mayoría de los usuarios la inyecta, añadiendo así el riesgo de contagiarse con el virus de la hepatitis C o el VIH.

Pocas personas la utilizan para mejorar su vida sexual. Si estás bajo los efectos de esta droga, es más fácil que accedas a tener un contacto sexual y que te expongas a cualquier tipo de riesgo, como una violación gris, un embarazo no deseado o el contagio de cualquier enfermedad de transmisión sexual.

## Cocaína

La cocaína es una droga estimulante que incrementa de manera artificial la liberación de dopamina, mejorando así nuestra sensación de placer, bienestar y motivación. Con la cocaína también se liberan grandes cantidades de noradrenalina, lo cual aumenta nuestro estado de alerta y de vigilia, y nos hace reaccionar de una manera más rápida. Muchos consumidores de cocaína relacionan esta droga con una mejoría en el desempeño y el disfrute sexual. Normalmente, la vía de admistración es nasal. A los 30 minutos de haberla consumido se produce una euforia que intensifica las sensaciones; esto es lo que hace que muchas personas digan que mejora el desempeño sexual. Algunos la utilizan de forma local en los genitales para aumentar la sensibilidad, pero no saben que este tipo de práctica puede dañar permanentemente sus genitales. Tras una hora de haberla consumido desaparecen las sensaciones y se siente cansancio, tristeza y falta de energía; por eso, muchos vuelven a tomar otra raya (*esnife*) de cocaína. Si las dosis son excesivas, se pueden producir ataques de pánico y conductas agresivas.

## Efectos nocivos **de la cocaína**

Los efectos a largo plazo van desde la perforación del tabique nasal, la destrucción del velo del paladar, la depresión y problemas cardiacos, hasta trastornos mentales graves como la esquizofrenia. A nivel sexual produce pérdida del deseo, disfunción eréctil y pérdida de la sensibilidad.

Por otra parte, nunca sabes con seguridad lo que estás consumiendo, pues la cocaína se mezcla con todo tipo de sustancias, incluso con veneno para ratas. En el caso opuesto, si la dosis es demasiado pura, es fácil que se produzca una sobredosis. Las consecuencias pueden ser la muerte, trastornos psicóticos o, en el mejor de los casos, tener alucinaciones y ataques de pánico de por vida.

# Anfetaminas, metanfetaminas y éxtasis (MDMA)

Estas sustancias son sintéticas y, a diferencia de la cocaína o la heroína, no se obtienen de las plantas, sino que son puramente químicas. Este tipo de drogas son más baratas y fáciles de fabricar. Por lo general, los médicos utilizan las anfetaminas para otras indicaciones, como el trastorno de déficit de atención, el sobrepeso o el mal de Parkinson, pero también se utilizan de forma inadecuada con el propósito de estimular y crear una sensación de euforia y placer. Las metanfetaminas (también conocidas como cristal, hielo, *ice* o *crack*) son fáciles de obtener, ya que son sintéticas y se fabrican en laboratorios caseros. Estas sustancias son muy tóxicas y altamente adictivas. Aumentan la actividad y dan un efecto eufórico; muchos las viven como si fueran parte de un video juego. Lo más destacable es que incitan a conductas agresivas (muchos delitos sexuales se cometen bajo los efectos de estas drogas). El MDMA (metilendioxianfetamina), también llamada éxtasis o tacha, es un estimulante del sistema nervioso que no incita a ningún tipo de conductas violentas, sino todo lo contrario. Se suele utilizar en fiestas, ya que produce un efecto de desinhibición que propicia las relaciones sociales, y provoca una sensación de euforia. Esta droga te desinhibe, te despierta, te estimula, tienes ganas de todo y te puede hacer más sensible a todas las sensaciones. Sometes a tu cuerpo a un exceso de actividad mental y física pero al día siguiente puedes padecer un gran agotamiento. Lo más preocupante es que ese círculo de consumo de éxtasis te puede crear un desbalance químico en tu cerebro detonando una depresión o un padecimiento mental más grave. La mayoría de las drogas producen tolerancia lo que significa que cada vez necesitarás una mayor dosis para conseguir los mismos efectos. Muchos empiezan a tomar drogas para mejorar su desempeño sexual y acaban prefiriendo éstas al sexo y al resto de las actividades. Por último, si tienes tendencia a padecer un trastorno mental (muchos no sabemos que tenemos esa tendencia hasta que se manifiesta la enfermedad), una simple probada de estas drogas puede ser el detonante para su aparición.

En resumen, la mayor parte de los efectos que las drogas producen sobre la sexualidad, se pueden conseguir sin ellas. Una buena autoestima, concentrarte en tus sensaciones, aprender a relajarte y mejorar la conexión con tu cuerpo, pueden hacer que disfrutes enormemente con tu pareja sin tener que recurrir a un factor externo como las drogas y dar a éstas la autoría de tu placer.

# La falta de deseo.
## Cuando no tienes ganitas

La falta de deseo sexual –también llamada falta de apetito sexual y, en términos más técnicos, deseo sexual inhibido– es un padecimiento más común de lo que pensamos. Para que nos excite una persona, normalmente antes debemos tener un deseo o apetito sexual. Es algo comparable a nuestro apetito por la comida: nos pueden poner delante nuestro manjar preferido, pero si no tenemos hambre podemos rechazarlo. Como ya he dicho, las causas de la falta de deseo pueden ser físicas o psicológicas. Aspectos tan simples como una mala alimentación, la falta de determinado alimento en la dieta, padecer enfermedades como la diabetes, los efectos secundarios de algunos fármacos o la automedicación de otros, incluso la fatiga, pueden hacer que disminuya el apetito sexual. También puede reducirse el apetito sexual si te recetan medicamentos concretos para padecimientos como cáncer, hepatitis C o esquizofrenia.

Un trastorno psicológico como la vigorexia (síndrome de dismorfia corporal que consiste en una obsesión del hombre por desarrollar masa muscular, por muy fuerte que esté) puede producir un deseo sexual inhibido. Esto sucede en parte porque

♀

su alimentación no es equilibrada, pero el deseo de desarrollar musculatura también puede llevarlos a inyectarse testosterona para lograrlo. Al aumentar los niveles de testosterona en la sangre, el cerebro envía una señal a los testículos para que dejen de producirla. Esto afecta negativamente el deseo, pero también causa problemas de disfunción eréctil.

## ASPECTOS FÍSICOS QUE PUEDEN AFECTAR NUESTRO DESEO

⚥ Mala alimentación (dietas de adelgazamiento).
⚥ Diabetes.
⚥ Bajos niveles hormonales (principalmente de testosterona).
⚥ Cambios hormonales (climaterio/andropausia).
⚥ Problemas cardiovasculares.
⚥ Efectos secundarios de algunos fármacos.
⚥ Adicciones, como el alcoholismo.
⚥ Enfermedades mentales, depresión, trastornos bipolares, etc.

## ASPECTOS PSICOLÓGICOS QUE PUEDEN AFECTAR NUESTRO DESEO

⚥ Ideas negativas sobre el sexo.
⚥ Fobia al sexo.
⚥ Experiencia traumatizante relacionada con el sexo.
⚥ Ideas culturales erróneas sobre el sexo (sólo es para jóvenes).
⚥ Anorexia, bulimia y vigorexia (síndrome de dismorfia corporal).

Si no te apetece tener relaciones sexuales, lo primero que hay que averiguar es si no sientes apetito sexual por nadie, o simplemente no lo sientes por tu pareja. Normalmente, si llevas más de dos semanas sin sentir deseo sexual de ningún tipo, podemos decir que tienes deseo sexual inhibido. La pregunta que hacen muchos sexólogos para saber si te ocurre esto, es si sigues masturbándote aunque no sientas deseo por tu pareja. Esto será un indicador de que tu falta de deseo no es generalizada, sino que se inhibe sólo con tu pareja. En las parejas que llevan mucho tiempo, la falta de deseo es uno de los problemas más comunes; quieres a tu pareja, pero no te apetece tener relaciones sexuales con ella. Esta situación es lógica: nos hemos acostumbrado tanto a esa persona, que cuando nos acaricia es como si nos acariciáramos nosotros mismos. Eso no quiere decir que la relación ya no funcione, pero es una llamada de atención de que hay que echarle más ganas. Cuando llevas años con la misma pareja, las relaciones sexuales pueden ser menos frecuentes. Esto puede deberse en parte a que nos excita menos, pero también es cierto que una vez que consigues excitarte, la experiencia sexual puede ser más intensa, ya que tu pareja conoce mejor tus rincones ocultos y lo que te gusta.

## CÓMO AUMENTAR EL DESEO SEXUAL EN LA PAREJA

⚥ Asegúrate de que no hay ningún problema físico o psicológico.

⚥ Duerme, come bien y ejercítate.

⚥ Desconéctate del trabajo. Nada de teléfonos a partir de una hora, ten presencia total con tu pareja.

⚥ Cuida tu aspecto físico, siéntete atractivo.

⚥ Tómate unas vacaciones sólo con la pareja, nadie más.

⚥ No plantees el sexo como una obligación. "Hoy toca" es el peor afrodisiaco.

⚥ Dedica un tiempo a solas con tu pareja todos los días, sin hablar de trabajo ni aspectos que estresen.

⚥ Salte de la rutina con tu pareja, explora nuevas situaciones.

⚥ Ten relaciones sexuales sin penetración; céntrate en el placer de la piel.

Por otra parte, hay situaciones en nuestra vida personal que hacen que nuestro deseo sexual disminuya (paternidad, maternidad o estrés), y acudir con un especialista puede salvar nuestra relación.

## 🍎 Deseo sexual hiperactivo

Es cuando existe un exceso de apetito sexual. Esto puede tener efectos negativos si afecta la libertad de la persona. Como hemos mencionado en varias ocasiones, el deseo sexual es comparable al apetito a la hora de comer. El hecho de que comamos más que los demás no quiere decir que tengamos un problema; sólo se convierte en un problema

♂ 224

cuando nos quita libertad para actuar e interfiere en nuestra rutina diaria. Si tenemos que dejar las clases o el trabajo a la mitad para satisfacer nuestro deseo sexual, entonces *"Houston, tenemos un problema"*. Está muy de moda en Hollywood el término "adicción al sexo", pero la gran mayoría de las estrellas no la padecen y la utilizan como una excusa cuando les descubren una infidelidad. Una adicción al sexo puede provocarla un exceso de apetito sexual, cuya causa puede ser física (como un exceso de testosterona), aunque en la mayoría de los casos se trata de un trastorno obsesivo-compulsivo cuyo origen es un problema de ansiedad.

# La anorgasmia

La anorgasmia es la ausencia de orgasmo. Se da en una proporción muchísimo más alta de mujeres que de hombres, ya que el orgasmo masculino está fuertemente relacionado con la eyaculación. Se cree que al menos una de cada diez mujeres no ha tenido un orgasmo en su vida. Más del 90 por ciento de los problemas de anorgasmia están causados por factores psicológicos y de aprendizaje; el resto se deben a factores biológicos causados por padecimientos en la médula espinal, diabetes, cáncer pélvico o incluso una carencia hormonal. Cuando decimos aprendizaje nos referimos a que, cuando el ser humano adoptó la posición vertical, el clítoris se alejó de la entrada de la vagina y esto no ayudó en nada a conseguir el orgasmo femenino. *"¿Quién movió mi Clítoris?"*

Las causas psicológicas por las que podemos tener anorgasmia, pueden ser variadas, desde ideas y actitudes que tenemos hacia el sexo, hasta problemas de concentración y ansiedad en la relación de pareja. En este caso, hay que distinguir si la mujer no llega al orgasmo de ninguna forma (ni masturbándose), si nunca ha alcanzado un orgasmo en la vida, o si sólo ocurre cuando el sexo es con penetración o con una pareja específica. Curiosamente, si las causas son psicológicas, la gran mayoría de los pacientes resuelven este problema tras 3 ó 9 meses de terapia. Ésta se enfoca en el cambio de ideas y prejuicios sobre el sexo, así como en ejercicios de focalización y concentración que se realizan primero en solitario y luego en pareja.

## 🍎 Pasos para alcanzar el orgasmo

Debes saber que los pasos a seguir para alcanzar el orgasmo, son muy parecidos a montar en bicicleta: por muchas instrucciones que te den tú eres la que tienes que mantener el equilibrio.

### 1. Explora tus genitales

Antes de llegar a la primera relación sexual, es importante que ya conozcas bien aquellos puntos que te generan placer al tocarlos. Las mujeres lo tienen más difícil que los hombres ya que a simple vista no se los pueden explorar tan bien como ellos. Con las manos limpias y frente a un espejo da un recorrido a tus genitales. Observa tu vulva, mira la forma de tus labios mayores, luego ve a los menores; notarás que puedes tener uno de mayor tamaño que el otro, tócalos, céntrate en lo que sientes. Prueba correr el prepucio de tu glande, toca la zona alrededor de tu vagina, explora todos tus rincones. En definitiva, dedica un tiempo a viajar al centro de tu placer.

### 2. Excítate mentalmente

Es probable que antes de empezar a explorarte tengas que buscar una imagen mental para excitarte. Hay mujeres para las que es fácil encontrar una fantasía sexual que les excite, otras tienen que dedicarle más tiempo. Recuerda que una fantasía sexual es eso, un juego, un cuento que los adultos buscan para excitarse, no quiere decir que quieras llevarla a la realidad pero se vale para excitarte. Otras necesitan imágenes de fotos o películas, aunque suele funcionar mejor la literatura erótica quizá porque la mayoría del material visual es diseñado por hombres.

## 3. Combina la excitación con la fricción de tus genitales.

Una vez que estés excitada prueba tocar tus genitales. Une esa fantasía sexual con el punto de fricción que te genera más placer. No olvides que las mujeres somos muy distintas en nuestra manera de conseguir placer; para algunas, tocarse directamente el clítoris y los labios menores produce dolor y prefieren utilizar la palma de la mano para estimular todo el conjunto clitoideo, otras optan por tocarse indirectamente (por ejemplo, mediante la fricción de sus labios mayores con los menores).

## 4. No tengas prisa en llegar.

Disfruta de esa fantasía sexual mientras te tocas hasta llegar a un nivel de excitación y placer que ya no puede aumentar, sentirás que llegas al punto más alto y ahí caerás deliciosamente a una cama de plumas, disfruta esa sensación de relajación, de alivio, de toda la tensión liberada, céntrate en las sensaciones que te regala tu cuerpo después de haber alcanzado ese punto de placer.

También puedes utilizar juguetes para estimularte aunque al principio es recomendable que lo hagas sólo con tus manos para claramente identificar los puntos del placer.

Una vez que sepas que estás en igualdad de condiciones con tu pareja y que conoces tan bien tus puntos de placer como él, no te dé vergüenza decirle cómo te gusta, o simplemente estimúlate tú si cuando te está penetrando no puede alcanzar allí donde tú quieres.

Recuerda que con la penetración vaginal es muy difícil llegar al orgasmo; si tú no te estimulas la zona del clítoris, consigue que tu pareja lo estimule mientras te está penetrando, ya sea con las manos o con alguna otra parte del cuerpo.

Por otra parte, el orgasmo es para quien lo trabaja, tanto en hombres como en mujeres. Muchas mujeres se quejan de que sus parejas no lo hacen bien, pero las mujeres son las que tienen mayor responsabilidad de saber cómo conseguir su propio placer. Una mujer debe aprender a masturbarse y llegar al orgasmo sola. Recuerda que el clítoris no es solamente el glande, sino todo el conjunto clitoridiano. Por último, no te obsesiones con llegar al orgasmo, sino con mantener esa excitación, que será cada vez mayor.

# PASOS PARA ALCANZAR EL ORGASMO

- Conoce tus genitales.
- Busca fantasías que te exciten mucho...
- Combina la excitación con la fricción de tus genitales.
- Recréate, disfrútalo, no tengas prisas.
- Uppsssss, ¡Llegué!

Silvia Olmedo®

# La mujer multiorgásmica

Ahora parece que si una mujer no llega cuatro o cinco veces al orgasmo, significa que la relación no ha sido satisfactoria. Esto no es cierto. Muchos hombres piensan así porque las películas porno muestran mujeres que tienen un orgasmo detrás de otro con el galán en turno. La cantidad no es tan importante como la calidad. Hay mujeres cuyo periodo refractario (el tiempo de recuperación) es más largo y si las estimulan inmediatamente pueden sentir dolor; hay otras cuyo periodo refractario es menor y aceptan ser estimuladas una vez más para alcanzar otro orgasmo.

# Cuando duele hacerlo
## (dispareunia)

**E**l término técnico para explicar el dolor al tener relaciones sexuales es dispareunia. En muchos casos, el dolor que se produce puede estar relacionado con un problema físico como la rotura del himen, el hecho de que se cosiera mal la vagina tras un parto vaginal o la irritación provocada por una infección. A veces el propio preservativo puede causar tanta irritación que produce dolor durante las relaciones; hay personas alérgicas al látex que también pueden sufrir esa irritación. En otros casos, la dispareunia está causada por una falta de lubricación vaginal al no esperar el tiempo suficiente a que la mujer esté excitada y empiece a lubricar. En algunas mujeres, el miedo a la relación sexual hace que se contraigan los músculos de la vagina de manera automática e inconsciente lo cual produce una mayor resistencia a que entre el pene y, consecuentemente, produce dolor.

En el hombre pueden llegar a doler los testículos. Esto sucede con frecuencia cuando retiene demasiado tiempo la eyaculación; si ésta no se produce, el dolor es aún mayor (se trata del famoso *blue balls*).

♀

Si el hombre tiene un problema de fimosis, en el frenillo, o padece algún tipo de infección en los genitales, puede producirse dolor al tener relaciones sexuales.

En el caso de la penetración anal, recuerda que el ano no tiene lubricación propia por tratarse de un orificio de salida; si utilizas condón, usa un lubricante con base de agua para evitar que se rompa. Es vital que esta práctica se realice poco a poco, sin prisas y escuchando a tu pareja; detente cuando te lo diga, o simplemente deja de intentarlo si te lo pide. Presionar a tu pareja para que acceda a tener sexo anal es un chantaje; ambos tienen que consentirlo. Este tipo de práctica puede ser muy placentera o ser muy peligrosa.

## Qué hacer si sientes dolor durante las relaciones sexuales

- ✓ Acude con el médico para asegurarte de que el dolor no sea producido por una infección o un problema físico.
- ✓ Relájate, imagínate aspectos positivos de esa relación sexual.
- ✓ Evita las prisas, no apresures la penetración.
- ✓ Si no tienes suficiente lubricación natural, utiliza un lubricante.
- ✓ No te obsesiones con tener relaciones sexuales con penetración.

## El dolor **de las relaciones sexuales tras el parto**

Hay mujeres a las que durante el parto vaginal les realizan una episiotomía: un corte en la vagina antes de que nazca el bebé, con el fin de facilitar su salida; tras el parto se sutura este corte. Si pasada la convalecencia se quejan de dolor, puede ser porque les cosieron demasiado o quedó algún tejido suelto. Tras este procedimiento, aunque se haya realizado bien, los primeros meses las relaciones sexuales pueden producir dolor. Pero si las molestias siguen después de cinco meses, sería conveniente acudir con un ginecólogo, quien puede considerar hacer una pequeña cirugía donde fue suturada la mujer para prevenir el dolor. Hay otras mujeres que, debido al trauma por haber tenido un parto difícil (algunas viven la experiencia como una invasión a lo más íntimo de su ser), quedan sugestionadas a percibir cualquier toque de sus genitales como un ataque y tienden a contraer la vagina de manera involuntaria generando una resistencia a la penetración y consecuentemente, dolor.

# Vaginismo

**E**l vaginismo es la contracción de los músculos del tercio inferior de la vagina. Esta contracción se produce de manera automática o involuntaria cuando hay penetración, o simplemente cuando las mujeres piensan en ser penetradas. En muchas ocasiones, impiden la penetración o la dificultan de tal manera que produce dolor, incluso irritación en la vagina.

El vaginismo es un reflejo aprendido, que puede ser originado por una experiencia sexual muy desagradable, por ejemplo: una violación, una experiencia negativa previa de relaciones sexuales o simplemente un miedo a las relaciones sexuales con coito o temor al embarazo. Las creencias negativas que algunas mujeres tienen sobre el sexo, pueden provocar un rechazo casi automático a las relaciones sexuales.

El problema es que los músculos se contraen de manera automática e involuntaria, por lo que a veces es necesario desautomatizar esa contracción de los músculos vaginales. Este tipo de terapias son relativamente sencillas: la mujer hace ejercicios, con ayuda del terapeuta, para desaprender esa conducta automática.

♀

# Cuando no puede
## esperar más, o la famosa eyaculación precoz

**S**e trata de uno de los padecimientos más comunes entre los hombres. Es difícil establecer qué es la eyaculación precoz. Muchos la consideran el hecho de eyacular antes de la penetración o inmediatamente después. En términos generales, se dice que un hombre es eyaculador precoz cuando tarda menos de 2 minutos en eyacular después de la penetración. Otros sexólogos lo clasifican en relación al número de empujes o movimientos dentro de la vagina antes de la eyaculación. A no ser que la eyaculación se realice antes de penetrar la vagina o inmediatamente después, la definición de lo que es la eyaculación precoz se determina con base en la satisfacción sexual de la mujer si ésta no tiene problemas de anorgasmia. Incluso hay sexólogos que dicen que el control excesivo de la eyaculación, el aguantarse durante mucho tiempo, puede causar problemas a largo plazo en la próstata. Para la mayoría de los sexólogos, la eyaculación precoz es la incapacidad de controlar la eyaculación cuando se desea.

Recuerda que, en la naturaleza, el acto de penetrar y eyacular es un acto rápido, en parte porque coloca en una posición de vulnerabilidad muy grande a quienes participan en él, sobre todo al hombre. Esto quiere decir que se requiere de un entrenamiento para durar más; es simplemente eso: un entrenamiento para aprender a identificar y controlar el momento previo a la eyaculación.

Una vez detectado el problema, primero hay que determinar qué tipo de eyaculación precoz padeces: primaria, si siempre la has presentado, o secundaria si la presentas después de haber tenido relaciones sexuales adecuadas.

Muchas de las causas de la eyaculación primaria son físicas, como la esclerosis múltiple, la poliomielitis, un exceso de sensibilidad o una deficiencia en los niveles de serotonina. Para este último padecimiento ya se ha lanzado un fármaco parecido a un antidepresivo en dosis bajas.

Dependiendo de las situaciones, también puedes padecer eyaculación precoz global, selectiva o parcial. La global es cuando se presenta en todas las situaciones, la selectiva se presenta en ciertas situaciones (por ejemplo, con la amante y no con la mujer, o viceversa), y la eyaculación parcial es cuando el hombre controla el reflejo eyaculatorio al masturbarse.

Acudir con un sexólogo puede solucionar el problema en un periodo corto de tiempo (de tres a cuatro meses), y es lo más recomendable. Como medida preventiva, si realizas los ejercicios de Kegel, además de mantener tu erección también te ayudarán a controlar la eyaculación. Por otra parte, hay que mencionar la falsa creencia de que el hombre tiene que durar todo lo que tarde la mujer en alcanzar un orgasmo. A veces esto no es posible, ya sea porque la mujer tarda mucho o porque no puede conseguirlo. En estos casos, si sabes que a tu pareja le toma más tiempo llegar al orgasmo, puedes estimularla de forma oral inicialmente y dejar la penetración para el final. Recuerda que la parte más sensible de la mujer no es la vagina, sino el clítoris o mejor llamado conjunto clitoridiano. Al concentrarte exclusivamente en durar más, puedes olvidar que lo que necesita tu pareja es una correcta estimulación en esta zona.

Si tienes problemas de eyaculación precoz puedes hacer una serie de ejercicios que te enseñen a controlarla, pero te recomiendo que vayas con un sexólogo, sobre todo cuando el problema es primario.

## Pasos para controlar mejor la eyaculación

1. Primero, entrénate solo. Lo primero que debes aprender es el ejercicio de parada y arranque.

2. Empieza a masturbarte, concéntrate en tus sensaciones y en lo que sientes justo antes de eyacular. En ese momento, para; no te dejes llevar por las sensaciones, piensa en algo que te quite en parte la excitación, relájate, respira y descansa unos minutos.

3. Comienza otra vez a masturbarte y vuelve a parar justo antes de que estés a punto de eyacular. Esta vez ya habrás identificado bien cuándo aparece tu reflejo eyaculatorio; esto en parte ya te está dando un mayor control sobre tu eyaculación ya conoces el aviso que te da tu cuerpo antes de eyacular. Practica este ejercicio, y la tercera vez eyacula. Una vez que ya hayas controlado esta técnica realiza el mismo ejercicio pero con un lubricante. Esto te hará sentir de forma parecida a cuando realizas la penetración.

4. Si ya tienes control sobre este ejercicio y tienes pareja, puedes pedirle practicar una dinámica parecida con ella: primero, dile que te masturbe con la mano, luego oralmente, y tú le irás dando indicaciones de cuándo tiene que parar.

## LO QUE DEBES SABER SOBRE LA EYACULACIÓN PRECOZ:

♂ Eyacular antes de la penetración o hacerlo menos de dos minutos después de haber penetrado, podría considerarse eyaculación precoz.

♂ El acto de la penetración y la eyaculación es muy rápido, estamos programados para eyacular rápidamente; si se quiere durar más hay que entrenarse para ello.

♂ Casi todos los hombres han eyaculado precozmente alguna vez en la vida, esto no es un problema y no hay que darle mayor importancia si no se repite.

♂ La mayoría de las veces, las razones de la eyaculación precoz son psicológicas.

♂ Rara vez la eyaculación precoz es causada por problemas biológicos como prostatitis, esclerosis múltiple u otros trastornos neurológicos pero es recomendable acudir al médico para asegurarse que ésta no es la causa.

♂ Las posturas que favorecen más el control de la eyaculación son la de cuchara (él por detrás) que le da control al hombre para retirarse si percibe que va a eyacular; y en la que ella se sienta arriba.

♂ Evita las cremas desensibilizadoras o anestesias locales para retardar la eyaculación; también restan sensibilidad.

# La eyaculación
retardada, o cuando
él tarda mucho

**E**ste padecimiento ocurre en una minoría de hombres. Básicamente, consiste en que el hombre no puede llegar a eyacular dentro de la mujer, o tarda mucho tiempo. Muchos hombres lo relacionan con algo positivo, por aquella idea equivocada de que cuanto más duren mejor, y esto provoca molestias y dolor en algunas mujeres. Curiosamente, muchos hombres que padecen de eyaculación retardada pueden hacerlo fuera del coito cuando se masturban.

Las causas de la eyaculación retardada pueden ser físicas o psicológicas. Entre las causas biológicas o físicas están las malformaciones de nacimiento en el sistema genitourinario, las lesiones nerviosas, la diabetes, algunos fármacos utilizados para tratar la hipertensión y algunos antidepresivos. Entre los aspectos psicológicos que pueden causar eyaculación retardada están una experiencia sexual traumática previa, obsesionarse con el momento de la eyaculación, falta de concentración, ansiedad ante una relación sexual o miedo por no complacer a la pareja. En estos casos es recomendable acudir a un sexólogo para evitar esa focalización

♀

excesiva en la eyaculación ya que provoca una ansiedad anticipada que, de manera contraproducente, hace que el hombre no pueda eyacular.

# Eyaculación
## retrógrada

También se llama eyaculación seca, es cuando el hombre no llega a eyacular durante la penetración aunque llega al orgasmo. Realmente no hay eyaculación, porque el semen que va a liberar por la uretra se desvía, como si cambiara de camino. El semen, en vez de salir por la uretra (el orificio que está en la punta del glande, por donde salen la orina y el semen), sale por la vejiga. Este tipo de padecimiento puede ser causado por algunas cirugías como la resección transuretral de próstata, enfermedades como la diabetes, o puede ser efecto secundario de algunos fármacos.

Este padecimiento como tal no tiene consecuencias en la salud, ya que el semen que se queda en la vejiga es liberado a través de la orina, pero afecta negativamente la fertilidad. Actualmente es posible separar el esperma de la orina y lograr embarazar a la mujer mediante procedimientos de inseminación artificial.

El tratamiento para la eyaculación retrógrada depende de la causa; pueden recetarse ciertos fármacos o suprimirse otros, debido a sus efectos secundarios o bien, hacer una cirugía en caso de ser necesario.

♀

# La disfunción eréctil
## (mal llamada impotencia)

**E**s la dificultad o imposibilidad de alcanzar o mantener una erección, o bien conseguir que la firmeza del pene sea suficiente para finalizar una relación sexual con penetración.

La disfunción eréctil puede ser primaria, cuando el hombre nunca ha podido alcanzar una erección (menos del 10 por ciento de los casos), o secundaria, cuando el hombre ha tenido erecciones en el pasado pero ahora no las puede tener.

A casi todos los hombres les ha pasado alguna vez que no han podido tener una erección. Generarla es mucho más difícil de lo que parece y no siempre todo funciona como es debido; hacer que los conductos se llenen de sangre hasta el punto de elevarse apuntando hacia arriba y endurecer el pene, es casi milagroso. Por lo tanto, muchos factores pueden hacer que no se produzca la erección. Si te ha ocurrido varias veces, lo mejor es que primero acudas con un urólogo para que descarte cualquier enfermedad o padecimiento. Un problema de erección puede ser una llamada de atención sobre algo que no funciona bien en tu cuerpo. El médico

♀

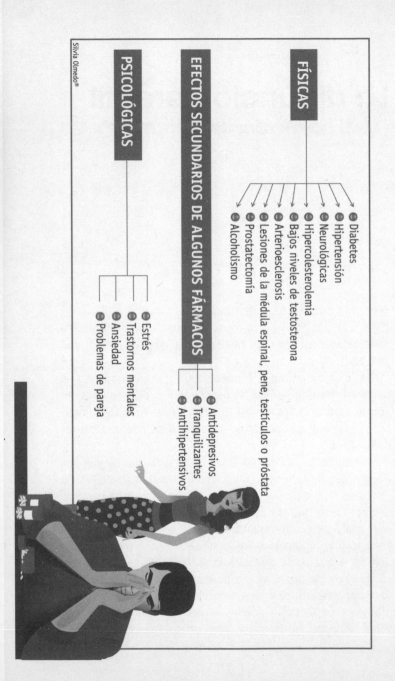

# CAUSAS DE DISFUNCIÓN ERÉCTIL (DE) SECUNDARIA

**FÍSICAS**

- Diabetes
- Hipertensión
- Neurológicas
- Hipercolesterolemia
- Bajos niveles de testosterona
- Arterioesclerosis
- Lesiones de la médula espinal, pene, testículos o próstata
- Prostatectomía
- Alcoholismo

**EFECTOS SECUNDARIOS DE ALGUNOS FÁRMACOS**

- Antidepresivos
- Tranquilizantes
- Antihipertensivos

**PSICOLÓGICAS**

- Estrés
- Trastornos mentales
- Ansiedad
- Problemas de pareja

Silvia Olmedo®

descartará si tienes alguna enfermedad o si simplemente un fármaco te está provocando la disfunción eréctil; en este caso, basta con que lo cambie para solucionar el problema, sin tener que recurrir a un medicamento específico para la disfunción eréctil.

Si todos los resultados médicos salen bien, es probable que la falta de erección sea psicológica. Una ansiedad excesiva por mantenerla puede producir el efecto contrario. También el cansancio excesivo o el estrés pueden hacer que padezcas disfunción eréctil. Unas simples vacaciones o no obsesionarte en conseguir la erección pueden solucionar este padecimiento.

## Tratamientos para la disfunción eréctil

En muchos casos, tratar la enfermedad subyacente con los fármacos adecuados o simplemente retirar el fármaco que está provocando ese efecto secundario es suficiente para que la disfunción erectil desaparezca. En otros casos, tratar previamente trastornos como la adicción al alcohol o el exceso de ansiedad, será necesario para tratar después la disfunción eréctil. Muchos hombres, tras un problema de erección circunstancial, dan una importancia excesiva a ese acontecimiento y desarrollan una ansiedad anticipatoria en sus futuras relaciones sexuales. Enfocan toda su atención en el miedo a que no se produzca la erección, se produce un nivel de ansiedad muy alto y eso es precisamente lo que impacta negativamente en el proceso de erección. En estos casos, las técnicas psicológicas de relajación y la terapia cognitivo-conductual pueden solucionar este problema.

# TIPOS DE DISFUNCIÓN ERÉCTIL (DE)

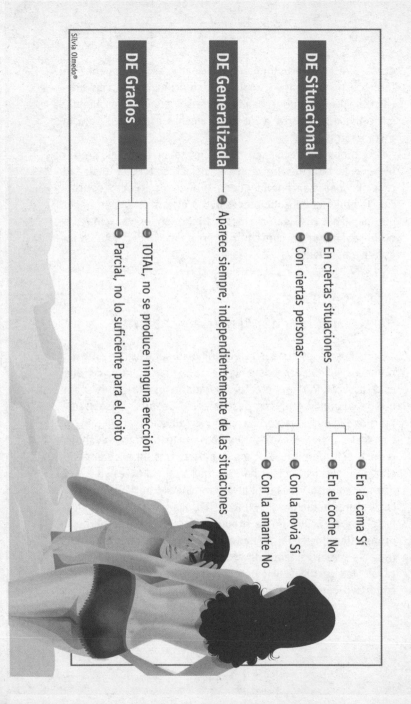

**DE Situacional**

- En ciertas situaciones
  - En la cama Sí
  - En el coche No
- Con ciertas personas
  - Con la novia Sí
  - Con la amante No

**DE Generalizada**

- Aparece siempre, independientemente de las situaciones

**DE Grados**

- TOTAL, no se produce ninguna erección
- Parcial, no lo suficiente para el coito

Silvia Olmedo®

# Tratamientos con **fármacos**

El uso de fármacos (la famosa píldora azul, o sildenafil) ha probado ser muy eficaz para el tratamiento de la disfunción eréctil. A diferencia de otros fármacos utilizados localmente, para que se produzca la erección tiene que haber excitación. En la actualidad hay tres fármacos para este propósito, y se diferencian principalmente en el tiempo de duración del efecto y en la rapidez con que empiezan a tener efecto. Los nombres del ingrediente activo son sildenafil (Viagra), vardenafil (Levitra) y tadalafil (Cialis), estos dos últimos tienen un efecto más prolongado. Ya se están estudiando métodos de liberación más rápidos, como la pastilla sublingual o la vía nasal.

Si bien estos fármacos son muy eficaces y pueden hacer que un hombre recupere su autoestima sexual, sólo deben tomarse bajo prescripción médica. De lo contrario podrían ser peligrosos, sobre todo si estás tomando fármacos contraindicados. Además, tienen efectos secundarios como dolor de espalda, rostro enrojecido o visión borrosa.

El desarrollo del Viagra fue completamente fortuito, ya que inicialmente se había concebido para tratar problemas cardiovasculares. Muchos pacientes se negaban a dejar de tomarlo, principalmente por el efecto secundario que causaba (mejorar sus erecciones), y se acabó lanzando como fármaco para tratar la disfunción eréctil. En la actualidad, además de utilizarse para la disfunción eréctil, se estudia poder usar su efecto vasodilatador para otros padecimientos como la hipertensión arterial pulmonar.

Al igual que no se debe abusar de estos fármacos, tampoco debe darte vergüenza decir que los utilizas (repito, siempre y cuando sean necesarios y hayan sido recetados por un médico). También se está utilizando el sildenafil como droga recreacional, con el fin de que la erección dure mucho más. Esto puede causar adicción psicológica, incluso priaprismo (que el pene se quede erecto), y si no acudes al hospital a tiempo puede tener consecuencias muy graves.

## Otro tipo **de soluciones: inyecciones**

Hay otro tipo de soluciones locales como las inyecciones con prostaglandinas que se aplican en el cuerpo cavernoso del pene (dos pinchazos, una a cada lado. Este fármaco consigue que tengas una erección de inmediato, sin necesidad de estimulación, y dura aproximadamente una hora. Con excepción de aquellos hombres que tienen contraindicados los fármacos de los que hemos hablando anteriormente, el resto no suelen utilizar las soluciones locales para tratar la disfunción eréctil.

## Bomba de **vacío**

Es un aparato cilíndrico con un extremo sellado, y en el otro hay un orificio por el que se introduce el pene. Luego, se va sacando el aire, de tal manera que se consigue que toda la sangre vaya al pene y se produzca una erección; por último, se pone una especie de goma que mantiene la erección. Este método, no es muy eficaz y puede producir daño en las pequeñas venas del pene.

## Prótesis **peneana**

Hay hombres en los que el uso de fármacos está contraindicado, y tienen que recurrir a una cirugía en la cual se implanta una prótesis que se llena de aire mecánicamente, consiguiendo una erección cuando el hombre desea.

Este tipo de soluciones cada vez se usan menos, pues los tratamientos farmacológicos son cada vez más eficaces.

Por otra parte, con lo que has aprendido en este libro, podrás deducir que la penetración es parte del juego erótico pero no lo único. Si te concentras únicamente en la penetración y en tu erección, probablemente estás dejando olvidadas otras partes de tu pareja que seguro le gustaría que estimularas.

# La circuncisión:
## ¿se la tienen que hacer todos?

A l nacer, el pene de los hombres está recubierto por un tejido fino parecido a una telita (llamado prepucio), cuya función es proteger el pene. Después de los tres años, esta tela se retrae completamente en la mayoría de los niños, facilitando la limpieza del glande y de la zona que lo rodea. Cuando el pene está en erección, el prepucio se retrae con el objetivo de facilitar la erección. Si el prepucio no se retrae, significa que el hombre padece fimosis y tendrá un fuerte dolor que, en muchos casos, le impedirá tener relaciones sexuales; en estos casos es necesaria la circuncisión.

### Cómo se hace una circuncisión

Hay médicos que recomiendan la circuncisión por razones de higiene: carecer de prepucio ayuda a que no se forme el espegma y no se produzcan malos olores. Hay estudios que demuestran que los hombres circuncidados tienen menor riesgo de contraer infecciones de transmisión sexual. Por otra parte, una buena rutina higiénica –si no tienes fimosis– hace innecesaria esta práctica. En el mundo, entre 30 y 35

# CIRCUNCISIÓN

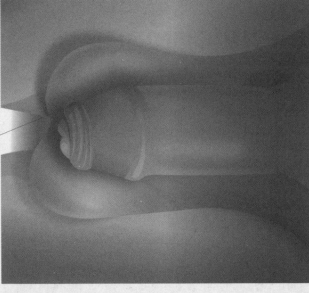

Pene sin Circuncidar

Prepucio

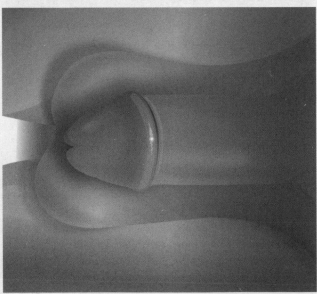

Pene Circuncidado

# CIRUGÍA RECONSTRUCTIVA
## EN CASOS DE FIMOSIS

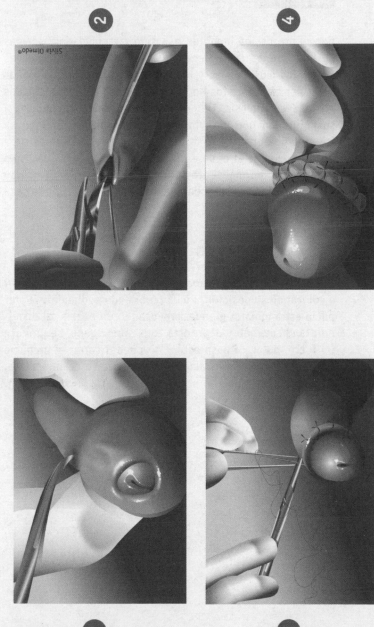

Silvia Olmedo®

por ciento de los hombres han sido circuncidados, además de por razones de higiene, muchos por razones religiosas (como los musulmanes y los judíos). Se calcula que menos del 7 por ciento de los hombres necesitan ser circuncidados por padecer fimosis. Hay padres que deciden circuncidar a sus hijos sin que esté indicado médicamente. Si bien se trata de una práctica bastante segura, no está libre de riesgos y se expone al bebé a un dolor que en muchos casos es innecesario. Normalmente se hace con anestesia local. Hay varias técnicas, y el procedimiento es doloroso, aunque cada vez menos.

## Parafimosis

Es cuando el prepucio, una vez retraído, no se puede volver a colocar en su posición inicial (cubriendo el glande). El prepucio estrangula el glande, provocando un edema; al disminuir la circulación y dejar esta zona sin oxígeno, se produce un fuerte dolor. Si pasa esto y no puedes correr el prepucio hasta el glande, debes acudir con un médico de inmediato. En estos casos, también puede ser necesaria la circuncisión.

# El sexo
## y la edad

Tenemos muchas ideas erróneas relacionadas con el sexo y las personas mayores. Esta anécdota es sólo un ejemplo de la cantidad de prejuicios que tenemos sobre la sexualidad en estas personas.

*El tío de Asun murió a los 80 años. Era su único pariente, y ella lo visitaba todos los jueves para asegurarse de que se encontraba bien y ayudarlo con las compras. El tío Pepe era un hombre tranquilo, de agradable conversación, que podía pasar horas y horas en su jardín, rodeado de sus libros.*

*Al morir el tío Pepe, Asun le contó a una amiga: "¡No lo vas a creer! Al salir del entierro, pasé por la casa de mi tío a recoger algunas cosas y en la mesita de noche encontré una agenda. La estuve hojeando, y prácticamente todos los días había notas sobre encuentros con mujeres. En casi todas las citas aparecía el nombre y la hora, y en algunos casos había anotaciones con clara alusión a encuentros sexuales. Ahora entiendo qué hacían esas estupendas señoras vestidas de negro en su entierro. ¡Estoy desolada!"*

♀

*"Asun, no es para tanto —le dijo su amiga–. A esa edad el sexo es más normal de lo que la gente piensa..." Pero Asun no la dejó terminar la frase: "Pero, ¿no te das cuenta? Todos los jueves aparecía la misma anotación: un nombre. El resto del día en blanco. ¿Entiendes? ¡Le arruiné sistemáticamente todos los jueves del año!"*

Según la psicogerontóloga Carmen Aparicio Navarro, esta anécdota sirve para introducir una de las realidades más ignoradas en cuanto al sexo y las personas mayores: su diversidad o gran variedad. Hay de todo, como en cualquier grupo de edad; ni todos son Casanova (como el tío Pepe) ni todos han renunciado al sexo por el hecho de cumplir años. La actividad sexual disminuye de manera muy distinta entre los mayores, aunque sí se producen cambios físicos propios de la vejez, tanto en hombres como mujeres.

---

## CAMBIOS FISIOLÓGICOS SEXUALES EN LA MUJER

⚥ Disminución de estrógenos.

⚥ Acortamiento y estrechamiento de la vagina.

⚥ Menor elasticidad vaginal.

⚥ Menor lubricación vaginal.

⚥ Cambios en la figura corporal (como menor tamaño y turgencia de los senos, o una distribución distinta de la grasa corporal).

⚥ Cambios en la respuesta sexual (necesidad de mayor estimulación y más tiempo para llegar a la excitación sexual, disminución de la intensidad y número de contracciones orgásmicas, la resolución es más rápida).

---

## CAMBIOS FISIOLÓGICOS SEXUALES EN EL HOMBRE

♂ Disminución de testosterona.

♂ Disminución en la producción de esperma.

♂ Menor turgencia del pene.

♂ Cambios en la respuesta sexual (la erección tarda más tiempo en producirse y necesita de mayor estimulación, el orgasmo se produce más tarde, disminuyen la intensidad y número de contracciones orgásmicas, el tiempo en recuperarse para una nueva erección es más largo).

Estos cambios no significan la pérdida de la actividad sexual, pero las personas necesitan adaptarse a la nueva situación. Incluso pueden mejorar las relaciones sexuales, ya que en algunos casos éstas supuestas limitaciones se convierten en una ventaja. Así lo afirmó una mujer mayor en un taller de sexualidad: "Para mí, es algo increíble. Pensaba que me dirigía al desierto de la sexualidad, y resulta que debía estar allí sin saberlo, pues mi pareja ahora se entretiene mucho más en los preliminares [la ventaja de que ellos necesiten más tiempo para la excitación] y, encima, llega más tarde. En nuestro caso, hemos ganado en calidad frente a cantidad, porque antes lo hacíamos más, pero ahora yo la paso mejor".

Contrariamente a lo que se piensa, no son las fisiológicas las mayores dificultades a las que se enfrentan las personas mayores, sino las del tipo sociocultural. La educación sexual que hayan recibido, sus prejuicios sobre la sexualidad, las falsas creencias sobre la sexualidad en la vejez, la discriminación sexual y la posibilidad de que sean otros los que decidan por nosotros, pueden complicar mucho vivir una sexualidad satisfactoria.

Mantener relaciones sexuales activas tiene muchos beneficios para la salud de las personas mayores: es un buen ejercicio cardiovascular, libera endorfinas que favorecen la relajación, fortalece la autoestima y previene la depresión.

Otro aspecto que influye en una vida sexual satisfactoria para los mayores es su vida sexual previa; una vida sexual anterior rica y satisfactoria, se relaciona con una vida sexual satisfactoria en la vejez.

Si bien todos vamos a envejecer algún día, este proceso se puede acelerar o ralentizar incluso hasta 20 años. Buenos hábitos de vida como hacer ejercicio físico, llevar una dieta saludable, consumir poco alcohol, no fumar ni tomar drogas, tener un nivel moderado de estrés y una actividad sexual satisfactoria, pueden lentificar nuestro envejecimiento y mejorar nuestro bienestar. En conclusión, el caso de las relaciones sexuales es parecido a disfrutar la comida: cuando somos jóvenes podemos tener más relaciones sexuales, pero cuando somos mayores, aunque tengamos menos, las disfrutamos y saboreamos igual o incluso más.

# Cómo mejorar
## tus relaciones sexuales

**L**os músculos del suelo pélvico (también llamados músculos pubocoxígeos) son un grupo de músculos y ligamen-
tos que cierran en forma de rombo el estrecho inferior
de la cavidad abdomino-pelviana, sujetando la vejiga, el útero
y el recto en la mujer, y la vejiga en el hombre. Son como una
"hamaca" que sujeta los órganos que están en la pelvis. Si estos
músculos pierden fuerza, acaban moviendo estos órganos.

La razón por la que son tan importantes es porque, además de tener efectos muy beneficiosos sobre la prevención
de la incontinencia urinaria, mejoran nuestras relaciones sexuales.

♀

---

### BENEFICIOS DE PRACTICAR
### LOS EJERCICIOS DE KEGEL

⚥ Mayor control sobre la eyaculación.

⚥ Erecciones más firmes.

⚥ Capacidad para contraer la vagina y dar más placer a tu pareja.

⚥ Intensificar el orgasmo.

⚥ Prevenir la incontinencia urinaria (el 40 por ciento de las mujeres la padecen).

⚥ Prevenir los prolapsos: caída de los órganos intraabdominales.

---

## Cómo identificar tus músculos pélvicos

Tanto en el hombre como en la mujer, la mejor manera de identificar los músculos pubocoxígeos es, al orinar, tratar de detener el flujo varias veces; los músculos que contraes para cerrar el flujo son los que deberás ejercitar. Es importante que este ejercicio sólo lo hagas para identificar cuáles son los músculos; en realidad no se practica cuando se está orinando.

### Ejercicios de **Kegel**
### (de 3 a 5 veces por semana)

Los ejercicios de Kegel (se llaman así porque el ginecólogo Arnold Kegel fue quien los inventó) se utilizaban como una manera de trabajar y tensar los músculos pubocoxígeos. Cuanto más tonificados estén estos músculos, mejor. Por eso es importante que, al igual que el resto de los músculos de nuestro cuerpo, los ejercitemos.

# EJERCICIOS DE KEGEL EN ÉL

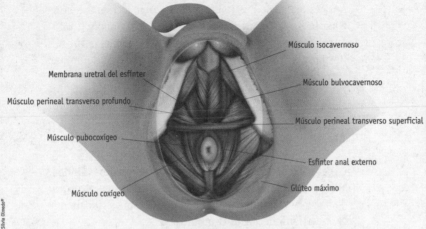

Membrana uretral del esfínter

Músculo perineal transverso profundo

Músculo pubocoxígeo

Músculo coxígeo

Músculo isocavernoso

Músculo bulvocavernoso

Músculo perineal transverso superficial

Esfínter anal externo

Glúteo máximo

Silvia Olmedo®

# EJERCICIOS DE KEGEL EN ELLA

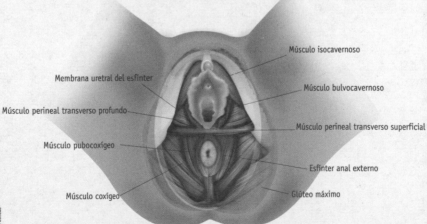

Membrana uretral del esfínter

Músculo perineal transverso profundo

Músculo pubocoxígeo

Músculo coxígeo

Músculo isocavernoso

Músculo bulvocavernoso

Músculo perineal transverso superficial

Esfínter anal externo

Glúteo máximo

Silvia Olmedo®

## Primera serie

Aprieta los músculos hacia arriba, como si fueras a contraer la orina (manténte así durante 5 segundos); relájalos durante 5 segundos, y repite 10 veces esta rutina. Después de las dos primeras semanas, trata de durar más con los músculos contraídos (respirando mientras tanto), hasta llegar a 20 segundos. Practica estos ejercicios tres veces por semana.

## Segunda serie

La segunda serie consiste en hacer movimientos rápidos, apretando y relajando rápidamente los músculos. Trata de hacer el máximo número de contracciones (idealmente, tendrían que pasar 3 minutos).

Lo bueno que tienen los ejercicios de Kegel es que los puedes practicar en cualquier sitio; lo importante es que los hagas de manera regular. Si los haces, tus relaciones sexuales se beneficiarán.

# Las claves
## para tener una buena relación sexual

## 🍎 Plantéate los pensamientos e ideas erróneas que tienes sobre el sexo

La sexualidad es una parte de tu persona, no debes engrandecerla ni negarla; muchas cosas que hacemos cuando estamos excitados están fuera de la razón porque corresponden a nuestro yo instintivo. El avergonzarnos por adoptar una postura u otra, o racionalizar en exceso las relaciones sexuales, puede impactar de manera negativa en nuestra salud sexual.

Mucha gente considera al sexo como algo sucio debido al intercambio de fluidos, pero lo cierto es que tocar el picaporte de una puerta, dinero o cualquier otro objeto que esté en contacto público, puede tener más bacterias que los genitales de la pareja. Una buena higiene y lavarse las manos antes y después de las relaciones sexuales, es suficiente.

Por otra parte, a lo largo de la historia el sexo ha sido considerado como algo sucio. Desgraciadamente, todavía es-

♀

candaliza más ver personas desnudas que muertas en los medios de comunicación.

## 🍑 Debes estar sano

Asegúrate de que estás bien por dentro y por fuera; duerme, come, haz ejercicio y recuerda que, para que tu cuerpo tenga el instinto sexual (el que lleva a la reproducción), lo primero que debe de sentirse es que estás completamente sano.

## 🍑 Fortalece tu suelo pélvico con los ejercicios de Kegel

Ya sabes que tanto en los hombres como en las mujeres, es recomendable practicar los ejercicios de Kegel para fortalecer la zona pubocoxígea. En el hombre ayudan a mejorar la erección y a tener un mayor control sobre la eyaculación, y en las mujeres ayudan a tener un mejor control sobre la vagina, incrementar la sensibilidad y prevenir la incontinencia urinaria.

## 🍑 Protégete de las infecciones de transmisión sexual

Recuerda que la apariencia de una persona no va a determinar si está sana o no. Las enfermedades de transmisión sexual como el VIH, el herpes o el virus del papiloma humano, siguen creciendo de manera muy rápida. Si decides tener relaciones sexuales sin protección, es recomendable que ambos acudan con el médico (el hombre al urólogo y la mujer al ginecólogo) y se hagan todas las pruebas necesarias para demostrar que no tienen una enfermedad de transmisión sexual.

**PRUEBAS QUE SE DEBEN REALIZAR CUANDO SE EMPIEZA CON UNA NUEVA PAREJA:**

⚤ VIH

⚤ Sífilis

⚤ Virus del papiloma humano

⚤ Herpes

⚤ Gonorrea

⚤ Clamidia

⚤ Hepatitis B

## 🍎 No te obsesiones con los números

No te obsesiones con cuánto tienes que durar, cuántas veces debes llegar al orgasmo o cuántos centímetros debe tener tu pene. No dejes que nadie determine cómo debes disfrutar tu sexualidad. La gran mayoría de los mensajes que incitan a durar más y a aumentar el "rendimiento" (no necesariamente tu salud) manipulan esto con el propósito de vender más los productos para retardar la eyaculación o aumentar el tamaño del pene.

## 🍎 No confundas el sexo con un deporte

Si bien es placentero tener relaciones sexuales, buscar a una persona sólo para saciar tus deseos sin tener en cuenta los suyos, es utilizarla. En caso de que decidas tener una relación casual, es conveniente no deshumanizar la relación, más allá de que no se vuelvan a ver. Si decides acudir con una prostituta, toma en cuenta que a ella le pagas por darte placer; no te muestra lo que le excita a ella, sino que hace lo que te excita a ti. Ir con una prostituta no te va a enseñar a ser un mejor amante ni conocer a las mujeres mejor. Gran parte de las mujeres que se dedican a la prostitución son explotadas; forman parte de uno de los negocios más crueles y crecientes: la trata de seres humanos, y se dedican a eso porque es la única manera que tienen para salir de la miseria. Más allá del debate moral que representa utilizar a otra persona para que te dé placer, muchos hombres, sin ser conscientes de ello, perpetúan este comercio humano.

## Concéntrate en todo el cuerpo

El sexo es como degustar un buen plato: tan importante es quedar satisfecho como saborear cada uno de los ingredientes de la comida. Concentrarse sólo en el coito, en la pura penetración, es prescindir de gran parte del placer que nos da nuestro cuerpo.

## Si no quieres tener embarazos no deseados, prepárate

Además de ser una gran fuente de placer, la función de la sexualidad es la reproducción y, salvo en casos de violaciones, la gran mayoría de las mujeres resultan embarazadas por no utilizar los recursos necesarios. Los anticonceptivos hormonales (como la píldora, el parche, el anillo vaginal, el implante y las inyecciones) se adaptan a casi todas las mujeres. Si tienen contraindicadas las hormonas, existen el DIU (dispositivo intrauterino) y los anticonceptivos de barrera.

La píldora de emergencia o del día después no es un método anticonceptivo; sólo debe utilizarse en caso de emergencia, lo más rápidamente posible, después de haber tenido una relación sexual. El condón masculino y femenino son opciones que, además de impedir el embarazo, te protegen de enfermedades de transmisión sexual. Recuerda que, en un momento, puede cambiar la dirección de tu vida para siempre. Una relación sexual sin protección puede provocar un embarazo no deseado o el contagio de una enfermedad de transmisión sexual que te condene a ser infértil o incluso te lleve a la muerte.

## Si tienes un problema sexual, acude con un especialista

Idealmente, la persona con la que debes acudir si tienes un problema sexual es un sexólogo. Por lo general, un sexólogo tiene la licenciatura de psicología o medicina, y después realiza una especialidad en sexología. En muchos casos, si el sexólogo es psicólogo, te remitirá con un ginecólogo o con un urólogo para descartar problemas físicos que estén interfiriendo en tu sexualidad. En otras situaciones, el problema más que sexual, es psicológico (por ejemplo, una fobia al sexo), y primero hay que tratar el problema psicológico subyacente. En otras ocasiones, las relaciones sexuales no tienen problemas: son los conflictos entre la pareja los que impactan negativamente. Identificar que hay un problema, asimilar que necesitamos ayuda y acudir con un terapeuta de pareja, es el primer paso hacia la recuperación.

# Conclusión

S i bien el amor y el sexo pueden seguir caminos distintos, cuando los dos se juntan se da algo mágico que va más allá de toda explicación científica.

Nuestro corazón tiene razones que la razón no entiende. Nuestro cerebro tiene una parte emocional que se aloja en el hipocampo, el hipotálamo y la amígdala, que constituyen la zona mas interna del cerebro; esta parte es la más primitiva, corresponde a las emociones, al instinto y al deseo. La parte racional del ser humano la determina el neocortex, que además de ser la parte más superficial del cerebro, fue la última en desarrollarse.

No siempre nuestro cerebro emocional está en sincronía con nuestro cerebro racional. Muchas veces deseamos hacer cosas que, aunque sabemos que no son lo mejor para nosotros, las hacemos. Desde volver con una persona que nos ha hecho daño, pasar por situaciones mágicas en la que nos enamoramos, vivir situaciones de tristeza profunda cuando nos deja alguien que amamos, sufrir porque tenemos que dejar a alguien o tener relaciones sexuales con quien no deberíamos.

♀

Dejar de hacer algo por temor a que te hagan daño es dejarte morir poco a poco, protégete pero sigue apostando por el amor, quédate con la enseñanza que te dejó una experiencia dolorosa y trata de entender tu naturaleza en vez de negarla y a veces, sufrirla.

Mi deseo es que este libro te haya ayudado a entenderte mejor, a armonizar tu parte emocional, racional e instintiva. Espero que la palabra culpa haya quedado sustituida en tu cabeza por entendimiento y, sobre todo, espero que sigas apostando por seguir amando, por seguir sintiendo y, en definitiva, por seguir viviendo.

# Agradecimientos

**M**i nombre es Silvia Olmedo, y nunca podría haber escrito este libro sin la forma de ser tan intensa, contradictoria, terca y pasional que tengo. Por eso, quiero agradecer a todos los artífices que causaron esta transformación de niña de colegio de monjas a psicóloga clavada en la investigación, la sexología y la psicología divulgativa. Gracias a mis padres, Mariluz y Ramón, que me enseñaron a ser libre, responsable y luchadora; que confiaron en mí a pesar de no siempre entenderme y de siempre llevarles la contraria. A mis queridos hermanos, Juan Ramón y Ernesto: el mayor, un gran protector, y el pequeño, mi confidente y apoyo. A mis abuelas, Maruja y Paquita; de ellas aprendí lo que quería y lo que no quería ser en la vida. No hay día en que no recuerde el famoso "Llora, pero come".

También tengo que agradecer a una ciudad, Alcalá de Henares, por haberme dado no sólo a mis dos mejores amigos, Carmen y Sergio, sino las mejores juergas del mundo. A dos universidades y sus profesores: la Universidad Autónoma de Madrid y la Universiteit van Amsterdam. A una por desarrollar mi pasión por la psicología y la sexología, y a la otra por crear un método. Gracias a Madrid, donde nací y crecí, a Londres, donde me desarrollé como investigadora, y a México D.F., donde decidí vivir.

Y, por último, a las dos personas que me hicieron verdaderamente consciente del sentido de la palabra amor: *my two Irish rovers*, Brian y Liam. *I love you very much*.

**Agradecimientos por haber hecho este libro especial.**

A Beatrice Morabito, una gran fotógrafa y artista; todas las fotos de este libro son suyas. Gracias por todas esas madrugadas frente a la pantalla con nuestras muñecas para conseguir la portada que ahora luce maravillosa. Gracias por tu arte y por atreverte a incluir muñecos en tus fotos.

A Jenny Silva, por las horas que pasaste transformando mis ideogramas fríos y los vestiste de una manera hermosa. Voy a echar de menos tus correos electrónicos a altas horas de la madrugada.

Gracias a editorial Aguilar, desde Paty Mazón hasta Fernanda G. Kobeh, por lidiar con la persona más intensa del mundo, por respetar mi proyecto sin amputarlo, por arriesgar y confiar en este nuevo concepto de libro.

A toda la gente que me ha apoyado desde mis primeras apariciones en televisión, a aquellos que leyeron mi primer libro, *Pregúntale a Silvia*, a todos los que me escriben, a los que me *twittean* y, sobre todo, a mi México mágico. GRACIAS.

# Bibliografía

Si te quedaste con ganas de aprender más, aquí incluyo una lista de libros que ampliarán tu horizonte de conocimiento. La editorial varía dependiendo del país, por lo que te recomiendo buscar en internet el título y el autor para averiguar quién lo publica en tu país.

Libros recomendados

Alberoni, Francesco, *Enamoramiento y amor,* España, Editorial GEDISA, 1979.

Baron-Cohen, Simon, *La gran diferencia: ¿Cómo son realmente los cerebros de hombres y mujeres?,* España, AMAT Editorial, 2005.

Brizendine, Louann, *El cerebro masculino; El cerebro femenino,* España, RBA Libros, 2010.

Byrne William y Parsons, Bruce, *Human Sexuality Orientation: the Biologic Theories Reappraised,* 1993.

Carrobles Isabel, José A., *Biología y psicofisiología de la conducta sexual,* España, Fundación Universidad-Empresa, 1990.

Carrobles Isabel, José A. y Sanz Yaque, Ángeles, *Terapia sexual*, España, Fundación Universidad-Empresa, 1990.

Carrobles Isabel, José A., Buela Casal, Gualberto y Caballo, Vicente E., *Disfunciones sexuales; Manual de psicopatología y trastornos psiquiátricos*, España, Siglo XXI, 1995.

Dennet, Daniel C., *Darwin's Dangerous Idea: Evolution and the Meanings of Life*, Estados Unidos, Simon & Schuster, 1996.

Diamond, Jared, *Why is Sex Fun?*, Estados Unidos, Basic Books, 1998.

Fernández Ballesteros, Rocío, *Envejecimiento activo: Contribuciones de la psicología*, España, Editorial Pirámide, 2009.

Fisher, Helen, *El primer sexo*, México, Taurus, 1999.

Fisher, Helen, *¿Por qué amamos? La naturaleza y la química del amor romántico*, México, Taurus, 2004.

Fisher, Helen, *¿Por qué él? ¿Por qué ella?*, Estados Unidos, Henry Holt, 2010.

Forward, Susan, *Chantaje emocional*, México, Diana, 2004.

Goleman, David, *Inteligencia emocional*, Estados Unidos, Bantam Books, 1997.

Judson, Olivia, *Dr. Tatiana's Sex Advice to All Creation: The Definitive Guide to the Evolutionary Biology of Sex*, Estados Unidos, Metropolitan Books, 2010.

Kaplan, Helen, *La nueva terapia sexual*, España, Alianza Editorial, 2002.

McCary, James Leslie, *Sexualidad humana de McCary*, México, Manual Moderno, 1996.

Morris, Desmond, *El mono desnudo*, España, Delta, 1967.

López Sánchez, Félix y Olazabal Ulacia, Juan C., *Sexualidad en la vejez*, España, Editorial Pirámide, 2005.

S. Brill y R. Pepper, *El niño transgénero, libro para familias y profesionales*.

Tobeña, Adolf, *El cerebro erótico; Rutas neurales de amor y sexo. Anatomía de la agresividad humana*. España, DeBolsillo, 2003.

*Los misterios del amor y el sexo* de Silvia Olmedo
se terminó de imprimir en marzo de 2018
en los talleres de
Impresora Tauro S.A. de C.V.
Av. Plutarco Elías Calles 396, col. Los Reyes,
Ciudad de México